Heribert Prantl
Kein schöner Land

Heribert Prantl

Kein schöner Land

Die Zerstörung der sozialen Gerechtigkeit

Droemer

Besuchen Sie uns im Internet:
www.droemer.de

Copyright © 2005 bei Droemer Verlag.
Ein Unternehmen der Droemerschen Verlagsanstalt
Th. Knaur Nachf. GmbH & Co. KG, München
Alle Rechte vorbehalten. Das Werk darf – auch teilweise –
nur mit Genehmigung des Verlages wiedergegeben werden.
Umschlaggestaltung: ZERO Werbeagentur, München
Satz: Ventura Publisher im Verlag
Druck und Bindung: GGP Media GmbH, Pößneck
Printed in Germany
ISBN 3-426-27363-2

5   4   3   2

Für Anna und Nina

»Im Gefolge des Wandels der Daseinsbedingungen haben sich unversehens Vorstellungen in die menschliche Gesellschaft eingeschlichen, wonach der Profit der eigentliche Motor des wirtschaftlichen Fortschritts, der Wettbewerb das oberste Gesetz der Wirtschaft, das Eigentum an den Produktionsmitteln ein absolutes Recht, ohne Schranken, ohne entsprechende Verpflichtungen der Gesellschaft gegenüber, darstellt ... Man kann diesen Mißbrauch nicht scharf genug verurteilen. Noch einmal sei feierlich daran erinnert, daß die Wirtschaft im Dienst des Menschen steht ...«

Papst Paul VI.:
Enzyklika Populorum Progressio,
1967

Inhalt

Vorwort 11

Kapitel 1:
Der Midas-Kult der Ökonomie
Vom Sinn des Sozialstaats 15

Kapitel 2:
Reichtum verpflichtet
Wie man den Sozialstaat bezahlen kann 39

Kapitel 3:
Lieber Schweine als Kinder
Wie die Reprivatisierung der Sozialpolitik
ausgerechnet die Menschen besonders belastet,
die solidarisch leben 65

Kapitel 4:
Konform, uniform, chloroform
Die neue Scholastik in Wissenschaft
und Medien 87

Kapitel 5:
Kirche des Kapitals
*Die Verdrängung des Gebots der
sozialen Gerechtigkeit* 113

Kapitel 6:
Ausschluß, Ausschuß, neue Chancen
*Der Ausbruch aus der
Exklusionsgesellschaft* 143

Kapitel 7:
Die große Ermöglichung
*Eine ganz kleine Geschichte der
Sozialpolitik* 183

Anmerkungen. 207

Vorwort

Zehn Jahre lang hat die Politik Deutschland zum bloßen Standort kleingeredet. Die »deutsche Leitkultur« bestand in der Ökonomisierung aller Lebensbereiche sowie im Um- und Abbau des Sozialstaats. Die Wertedebatte beschränkte sich darauf, den Wert von niedrigeren Steuern und sinkenden Lohnnebenkosten zu beschwören. Als neues Grundrecht etablierte sich eines auf ungestörte Investitionsausübung. Und während die Steuern sanken, kroch in den Schulen und Kindergärten der Schimmel die Wände hoch. Bildung wurde zum Fremdwort, Integration blieb ein Fremdwort, und die dritte Ausländergeneration in Deutschland fand ihre Heimat nicht hier, sondern in einem Niemandsland.

Dann auf einmal, nach der PISA-Studie und nach dem Mord an dem Filmemacher Theo van Gogh in den Niederlanden, entdeckte die deutsche

Politik, daß man den Dax nicht streicheln und einen kalten Standort nicht lieben kann. CDU/CSU wie SPD unternehmen seither allerlei gespreizte Versuche, einen neuen Patriotismus auszurufen und damit die Defizite vieler Jahre auszugleichen. Aber so einfach ist das nicht. Parteien, die ihre eigenen Mitglieder und Wähler nicht mehr zusammenhalten können, tun sich schwer, darüber zu reden, was die Gesellschaft zusammenhält. Wer seinen Anhängern keine Heimat mehr bieten kann, ist nicht recht glaubwürdig, wenn er über den Wert von Heimat redet. Auch Parteien könnten – wie Familie, Schule, Gemeinde, Arbeitswelt – zu dem gehören, was Heimat schafft; das Land, das Vaterland, ist ja nur der äußere Ring vieler Lebenskreise.

Es gibt Politiker, die sagen, daß Ausländer, die die deutsche Staatsbürgerschaft erhalten, einen »Eid« auf das Grundgesetz ablegen sollen. Dagegen ist gar nicht unbedingt etwas zu sagen. Das setzt aber voraus, daß sich derjenige, der den Ausländern das Grundgesetz hinhält, selber daran hält. Er darf also nicht vergessen, daß das Sozialstaatsprinzip zu den Grundprinzipien des Grundgesetzes gehört. Er darf nicht verdrängen, daß im Grundgesetz der Satz »Eigentum verpflichtet« steht. Er muß daran denken, daß Massenarbeitslosigkeit Massenwürdelosigkeit ist. Er muß darauf achten, daß Demokratie eine Gemeinschaft ist, die ihre Zukunft miteinander gestaltet – *miteinander!* Das verträgt sich nicht damit, daß immer mehr Menschen ausgegrenzt werden – sozial Schwache, Neubürger, Arbeitslose. Demokratie und Sozialstaat gehören zusammen. Die Bürger in einer Demokratie brauchen Ausbildung und Auskommen, sie brauchen eine leidlich gesicherte Existenz, sie müssen frei sein von Angst um ihre eigenen Lebensverhältnisse.

Ein Patriot ist der, der dafür sorgt, daß Deutschland Heimat bleibt für alle Altbürger und Heimat wird für alle Neubürger. Das nennt man Integration, und es ist das Gegenteil von Ausgrenzung. Integration ist, auch für den Standort, gewinnbringender als ein Abbau des Kündigungsschutzes.

Kapitel 1:

Der Midas-Kult der Ökonomie
Vom Sinn des Sozialstaats

Wenn ein Krieg zu Ende ist, braucht man kein Feldlazarett mehr. Das Verbandszeug wird eingepackt, die Medizin in Kisten verstaut, die Sanitäter ziehen ab. So ergeht es heute der Sozialpolitik. Sie war das Feldlazarett hinter den Fronten des Industriezeitalters; die Postmoderne braucht es nicht mehr. Seitdem die Arbeit keine Kraft mehr hat und ihren Wert verliert, seitdem immer weniger Menschen zur Herstellung eines Produkts benötigt werden, seitdem daher der große historische Kampf der Giganten, also der Kampf zwischen Arbeit und Kapital, zu Ende geht, seitdem wird das Lazarett abgebaut: Der Kündigungsschutz wird eingeschränkt, das Arbeitslosengeld gekürzt, das Arbeitsrecht verdünnt, die Sozialpolitiker werden nach Hause geschickt.

In Deutschland zerbröselt die soziale Marktwirtschaft, die ein Resultat war des Ringens der Nachkriegsgewerkschaften mit dem Kapital. Das Kapital hat gesiegt. Um nun noch reicher zu werden, braucht es die Arbeit immer weniger. Die Arbeit, die es noch braucht, will es sich auf der ganzen Welt preiswert aussuchen, weil es überflüssig gewordene Arbeitnehmer fast überall im Überfluß gibt. Arbeitskraft ist heute nicht mehr nur lokal, sondern global austauschbar. Das Kapital mag daher die Rücksichten nicht mehr nehmen, die es bisher genommen hatte – weil es diese Rücksichtnahme zur Erhaltung oder Förderung des Wirtschaftssystems und des Profits nicht mehr braucht; das System funktioniert ja auch so, es funktioniert ohne solche Rücksichtnahmen, genannt Sozialpolitik, vermeintlich sogar noch besser.

So also ist die Lage aus der Sicht des Kapitals: Der Sozialstaat verwandelt sich in den Kapitalstaat. Sozialpolitik war der Tribut, den das Kapital im Interesse möglichst reibungslosen Wirtschaftens über hundert Jahre lang nolens volens zu entrichten bereit war. Weil heute der Gegner keine Kraft mehr hat, ist es damit vorbei. Es heißt jetzt »Eigenverantwortung«, wenn die Schwächeren sich selbst überlassen bleiben. Ausbeutung war gestern; Entlassung ist heute. So mancher Entlassene wäre lieber ausgebeutet.

Sozialpolitik rentiere sich nicht mehr, heißt es, mache nur unnötige Kosten, sei überflüssiger Ballast. Das alles ist zwar keine neue Argumentation; so hat die Wirtschaft schon immer argumentiert, um sich gegen zuviel Sozialpolitik zu wehren, aber noch nie stieß sie damit auf so wenig Widerspruch wie heute. Das Kapital hat gesiegt. Hat es aber damit automatisch auch recht?

Die Massenarbeitslosigkeit macht die Menschen kleinlaut und unsicher. Sie nimmt ihnen den Stolz. Wenn heute der in alten Liedern besungene »Mann der Arbeit aufgewacht« ist, erkennt er nicht mehr seine Macht, sondern seine Ohnmacht – und es beschleicht ihn das Gefühl, daß seine Emanzipationsgeschichte nun Geschichte wird. Sie handelt davon, daß der arbeitende Mensch, der einst nur Sache war, dann zur Person aufstieg und durch das Arbeitsrecht zum Menschen wurde, diesen Status nicht mehr halten kann.

Das Kapital dagegen hat, von Grenzen befreit, seine eigenen Märkte gefunden, setzt auf Gewinne durch Spekulation, auf Handel mit sich selbst, auf Reduzierung der Lohnkosten, auf das Gegeneinander-Ausspielen von Standorten und auf Entlassungen. Die Deutsche Bank verkündet einen Jahresgewinn von 2,456 Milliarden Euro im Jahr 2004 und kündigt im gleichen Atemzug den Abbau von sechstausendvierhundert Arbeitsplätzen an. So sollen die Eigenkapitalrenditen weiter steigen und die »Shareholder« begeistert werden. »The winner takes it all« – alles für den Sieger. Dabei nimmt das Kapital auf den unternehmerischen Mittelstand so wenig Rücksicht wie auf die Arbeitnehmer. Die

19

Tragik des unternehmerischen Mittelstands liegt darin, daß sich dieser auf der Seite derer wähnt, die auch ihn kaputtmachen.

Es ist eigentlich nichts Neues: Seit ihrem Bestehen, seitdem Lorenz von Stein im Jahr 1854 zum ersten Mal von einem sozialen Staat gesprochen hat, stehen die sozialen Aufwendungen bei der Wirtschaft im Verdacht, zu teuer zu sein. Deshalb klingt beispielsweise eine Analyse aus dem Jahr 1929 fast so, als wäre sie von heute: Der Vortrag, den Major a. D. Adolf von Bülow damals bei der Tagung der Gesellschaft für Sozialreform gehalten hat, könnte noch heute beim Bundesverband der Industrie fast genauso gehalten werden:

»Die sozialen Aufwendungen sind jetzt auf einer Höhe angelangt, die die Wirtschaft auf Dauer in diesem Umfang nicht tragen kann. Aller Voraussicht nach werden die Leistungsanforderungen ständig weiter wachsen, während die Einnahmen einen Stillstand, teilweise ein Absinken zeigen. Grundlegende Reformen sind daher nötig. Die Lage der Finanzen der öffentlichen Haushalte dürfte eher einen erheblichen Abbau der von diesen bisher bezahlten Zuschüsse erfordern als eine weitere Erhöhung oder Vermehrung gestatten. Will man die Sozialversicherung im weitesten Sinn auf die Dauer für ihren wahren Zweck erhalten, muß man sich entschließen, schnell mit kräftiger Hand an eine durchgehende Reform der Leistungen zu gehen, mit dem Ziele, den wirklich Bedürftigen und Notleidenden auch weiterhin in ausreichendem Maße zu helfen. Dagegen darf man sich nicht scheuen, alles nicht unbedingt Erforderliche, selbst wenn es wünschenswert sein mag, rücksichtslos zu streichen.«

Soziales streichen: Noch nie hat es die Wirtschaft damit so leicht gehabt wie heute. Kapital und Markt kennen immer weniger Barrieren und Beißhemmungen: Der Kapitalismus, so sagt Oskar Negt, funktioniert zum ersten Mal in seiner Geschichte so, wie Marx es in seinem *Kapital* beschrieben hat. Die Gesellschaft wird zum Anhängsel des Marktes. Das Soziale zählt zu den Kosten, die zwar volkswirtschaftlich einiges, betriebswirtschaftlich aber nichts nutzen. Weil die Ratio des Neoliberalismus in der Verbetriebswirtschaftlichung des Gemeinwesens besteht, wird das Soziale getilgt. Der unternehmerische Erfolg wird allein an der Wertentwicklung der Aktien bemessen, eine ständisch privilegierte Managerklasse erbringt die für den Shareholder-Value notwendigen Dienste und interessiert sich in erster Linie für ihre Gewinnbeteiligung.

Betriebswirtschaftliche Rationalität ist an die

Stelle der Ratio, an die Stelle der Vernunft der Aufklärung, getreten. Man nennt das Rationalisierung. Sie ist die Rückbeförderung des arbeitenden Menschen in die Unmündigkeit. Zu diesem Zweck bedienen sich die Unternehmen sogenannter Unternehmensberatungen, die das, was auch jeder Pförtner weiß, in die Sprache der Banken übersetzen: daß man sich das Geld für tausend Leute spart, wenn man tausend Leute »freisetzt«. Eine Massenentlassung gilt als unternehmerische Leistung. Die eingesparten Kosten fallen in letzter Instanz auf das Gemeinwesen, auf den Steuerzahler. Dergestalt rationalisiert werden nicht nur Wirtschaftsbetriebe, sondern auch Universitäten, Kinderläden, Schwimmbäder und Bibliotheken. Der Neoliberalismus glaubt, er könne auch noch aus einem Gefängnis ein Profit-Center machen. Er glaubt, daß die Summe der rationalisierten Betriebe sich zu einem wunderbaren Standort und zum Wohlstand des Gemeinwesens fügt. Es ist dies ein Midas-Glaube.

Midas ist das Urbild der Rationalisierer. Der Neoliberalismus ist der Midas-Kult der Moderne. Midas, der König von Phrygien, wollte bekanntlich alles zu Gold machen, und wäre daran fast zugrunde gegangen: Er hatte sich, so geht die Sage, von Dionysos gewünscht, daß alles, was er berühre, zu Gold werde. Als Midas auf dem Heimweg einen Zweig streifte, einen Stein in die Hand

nahm, Ähren pflückte, wurden Zweig, Stein und
Ähren zu reinem Gold. Das gleiche geschah mit
dem Brot, wenn er sich an den gedeckten Tisch
setzte. Auch die Getränke und das mit Wein ver-
mischte Wasser, das er sich in den Hals goß, wurde
zu Gold. Midas lief Gefahr, vor Hunger und Durst
zu sterben, so daß er schließlich Dionysos bat, ihn
von dieser verhängnisvollen Gabe zu befreien. Der
Gott befreite Midas durch ein Bad in einer Quelle,
die seither Goldsand führt. Ein solches befreiendes
Bad für den Neoliberalismus steht noch aus. Er be-
rauscht sich noch immer daran, alles zu Gold zu
machen; er privatisiert die Wasserversorgung, er
privatisiert das Schul- und Bildungswesen, er
vermarktet die Gene von Pflanzen, Tieren und
Menschen. Ihm fehlt die Erkenntnis, die Midas gerade noch rechtzeitig hatte. Diese Erkenntnis lautet: Man kann am eigenen Erfolg auch krepieren.

Der Unterschied zwischen Midas und dem Neoliberalismus ist allerdings der, daß an der Sucht
des letzteren erst einmal die anderen krepieren –
die Freigesetzten, die Entlassenen, die nutzlos Ge-
machten. Arbeitslosigkeit ist wie eine gefährliche
Mißhandlung, sie ist schwere Körperverletzung,
sie ist Vergiftung von Leib und Seele. Sie ist
schwerer Diebstahl. Sie raubt dem Menschen die
Fähigkeiten und Eigenschaften, die er in Familie,
Schule und Ausbildung gewonnen hat; sie läßt
ihn verkümmern und verkommen, sie macht ihn

23

kaputt. Massenarbeitslosigkeit ist nicht nur ein mathematisches Problem für die Volkswirtschaft, weil sie die Kaufkraft schwächt und den Staatshaushalt auslaugt. Sie eliminiert Qualifikationen und Leistungspotentiale. Sie forciert den Ausschluß von immer mehr Menschen aus der Gesellschaft. Sie ist die Pest der Moderne. Sie zerstört die Gesellschaft.

Zwanzig Millionen Arbeitslose gibt es derzeit in der Europäischen Union, Tendenz steigend. Und in Deutschland startete die größte Arbeitsmarktreform seit Bestehen der Bundesrepublik mit einem Rekord: 5 037 000 Menschen waren im Januar 2005 arbeitslos, das ist beinahe die Zahl aller Arbeitnehmer in Ostdeutschland – und sie liegt trotzdem noch unter der Realität. Die monatliche Statistik der jetzigen Bundesagentur, der früheren Bundesanstalt für Arbeit in Nürnberg, war seit je ein Politikum. Die bundesdeutschen Regierungen aller Couleur haben immer wieder viel Einfallsreichtum entwickelt, um die Zahlen zu manipulieren. 2004 änderte die Regierung Schröder die Statistik so, daß Teilnehmer von Trainingsmaßnahmen nicht mehr als Erwerbslose zählten; das senkte die Zahl der Arbeitslosen auf einen Schlag um achtzigtausend.

Während die politischen Bemühungen bisher dahin gegangen sind, die Zahlen nach unten zu drücken, brachte die sogenannte Hartz-IV-Reform

24

vom 1. Januar 2005 einen Schwenk in die andere Richtung und machte die Statistik tatsächlich ein Stück ehrlicher. Nach der Zusammenlegung von Arbeitslosen- und Sozialhilfe werden nun auch Sozialhilfeempfänger, die als erwerbsfähig gelten, in Nürnberg registriert. Durch diesen statistischen Effekt stieg die Arbeitslosenzahl mit einem Mal um zweihunderttausend. Wer sich allerdings gar nicht erst arbeitslos meldet, weil er nicht auf staatliche Hilfe rechnen kann, oder wer in einer Personalservice-Agentur darauf wartet, in einen Job vermittelt zu werden, der taucht in der Statistik nicht auf. Würden all diese Menschen in der Rechnung berücksichtigt, läge die Arbeitslosenzahl in Deutschland bei sechs bis sieben Millionen.

Arbeitslosigkeit ist mehr als nur Einkommenslosigkeit. Die ist nur eine Folge unter vielen: Der Arbeitslose verliert mit seiner Arbeit das Korsett aus Pflichten und Routine; die Zäsuren zwischen Arbeit und Pause, Arbeitstag und Freizeit, zwischen Arbeit und Urlaub entfallen, die bisherigen sozialen Strukturen zerbrechen, das Ego versinkt in Selbstzweifeln. Arbeit ist also nicht nur ein ökonomisches, sondern ein lebensethisch wichtiges Gut, eine Autonomiechance. Massenarbeitslosigkeit macht aus der Gesellschaft ein Marienthal. Marienthal ist ein Provinznest in Österreich. Marie Jahoda und Paul Lazarsfeld haben dort, in der Nähe von Wien, im Jahr 1930 eine Studie gemacht,

25

die heute noch viel über den Charakter von Arbeitslosigkeit aussagt.

Marienthal: Neunzig Jahre lang hatte dort eine Textilfabrik floriert, von der das ganze Dorf lebte. Diese Fabrik, Pulsader des Dorfes, wurde 1929 geschlossen, die gesamte Bevölkerung wurde arbeitslos. Vor der totalen Arbeitslosigkeit war Marienthal ein lebhaftes, politisch aktives Dorf gewesen. Die Marienthaler Arbeiter hatten sich einen großen, gut gepflegten Park angelegt. Seit der Arbeitslosigkeit verwilderte er völlig, niemand kümmerte sich darum, obwohl alle viel Zeit für seine Pflege gehabt hätten. Dasselbe in der Bibliothek: Die Ausleihen, obwohl gratis, sanken um die Hälfte. Die Arbeiterzeitung mußte einen Schwund der Abonnenten um 60 Prozent hinnehmen. Ein vorher sehr aktiver Lokalpolitiker sagte den Sozialforschern: »Früher habe ich die Arbeiterzeitung auswendig können, jetzt schau ich sie nur ein bißl an und werf sie dann weg, trotzdem ich viel mehr Zeit hab.«

Die Forscher sprachen vom »Einschrumpfen der Lebensäußerungen«. Aus dem Dorf wurde »eine als Ganzes resignierte Gemeinschaft, die zwar die Ordnung der Gegenwart aufrechterhält, aber die Beziehung zur Zukunft verloren hat«. Aus ihrem Rhythmus gerissen, hatten die Menschen kein Gefühl mehr für die Zeit. Die Forscher maßen die Gehgeschwindigkeit: Über die Hälfte der Männer bewegte sich nur mit drei Stundenkilometern; die normale Gehgeschwindigkeit liegt bei über fünf Stundenkilometern. Nur zwölf von hundert Männern trugen eine Uhr bei sich ...

Die Arbeit war eine zentrale Achse im Leben der Marienthaler gewesen, um die herum sich die anderen Aktivitäten gruppierten. Als diese Achse ausfiel, drehte sich auch keines der Räder mehr.

Die Forscher von Marienthal fanden eine Gleichung heraus, von der kein Politiker redet: Verschlechtert sich das Einkommen massiv, dann ändert sich parallel zum schwindenden Geld die seelische Verfassung der Menschen. Die Arbeitslosenunterstützung betrug damals in Österreich durchschnittlich ein Viertel des Gehalts, und sie wurde maximal dreißig Wochen bezahlt. Mit dem Geld verschwand die Gesundheit der Kinder, sie resignierten mit ihren Eltern, sie hatten Angst vor der Zukunft. Es ergab sich ein direkter Zusammenhang zwischen der Höhe der Arbeitslosenunterstützung und dem psychischen Zustand der Familien: Zwischen der Kategorie »ungebrochen«, also optimistisch, Pläne für die Zukunft schmiedend, und »apathisch«, also verwahrlost, teilnahmslos, lagen damals gerade 15 Schilling.

Die Erlösung von der Arbeit ist ja eigentlich ein uralter Menschheitstraum. In Zeiten der Massenarbeitslosigkeit ist daraus ein Albtraum geworden. In der biblischen Schöpfungsgeschichte wurde Arbeit als Fluch über die Menschheit verhängt. In der

Antike und im Mittelalter gehörte es zum Vorrecht der Oberschicht, von der Arbeit ausgenommen zu sein und sich »freien« Tätigkeiten wie der Politik, der Muße und dem Kriegshandwerk zu widmen. Schon Aristoteles träumte von der Abschaffung der Arbeit durch Automatisierung. Erst im Zug der Reformation gewann das Wort Arbeit an Status. Daß Arbeit zum Wesen des Menschen gehört, behaupten heute Marxisten, Christen, Liberale und Konservative gleichermaßen. Die Neuzeit begann damit, daß dem müßigen Adel die Existenzberechtigung entzogen wurde: Es adelte nicht mehr der Adel. Es hieß nun: Arbeit adelt, und Müßiggang ist aller Laster Anfang. Arbeit wurde so sehr zum Inbegriff menschlicher Aktivität, daß wir heute sogar von Trauer- und Liebesarbeit sprechen und damit zugleich meinen, Trauer und Liebe dadurch erst ihre wahre Würde zu geben.

Nun ist Marienthal nicht ganz Europa und 2005 nicht 1930. Aber: Jede Caritasstation und jedes Büro der Inneren Mission hierzulande kennt die Marienthal-Gleichung und die neuen Beispiele dafür. Mit der Arbeitsmarktreform Hartz IV erhalten seit Jahresbeginn 2005 2,6 Millionen Menschen und ihre Familien nicht mehr Arbeitslosenhilfe und damit nicht mehr die Hälfte des letzten Einkommens; sie sind nun in die Sozialhilfe gefallen. Es gibt jetzt in Deutschland 4,5 Millionen neue Sozialhilfeempfänger (wenn man die mitversorgten

Familienmitglieder einbezieht), zusätzlich zu den 2,8 Millionen, die es schon vorher gab.

In den Menschen von Marienthal spiegeln sich die Langzeitarbeitslosen und die Sozialhilfeempfänger von heute: Sie resignieren, werden aggressiv oder lethargisch, sie verlieren ihre Fähigkeiten und Interessen, auch an der Politik, sie verlieren ihre Gesundheit. Demotivation und Resignation gipfeln nicht selten in hochgradiger Depression und in Versuchen, sich in einen neuen Zustand zu begeben – mit Drogen, Alkohol und Selbstmordversuchen. Jeder Sozialarbeiter weiß, daß sich Armut vererbt, daß es viel Mühe und noch mehr Geld kostet, dies zu verhindern. »Generation kann nix« werden Jugendliche genannt, die versagen, die unfähig sind. Doch Einrichtungen für Arme verschwinden, Jugendhilfe, Suchtprävention, psychiatrische Dienste, Jugend- und Frauenhäuser fallen Sparprogrammen zum Opfer.

Jeder ist seines Glückes Schmied, hieß es früher. Ist das wirklich so? Die alten Lebensweisheiten sind verbraucht, weil es seit der Massenarbeitslosigkeit das Fundament nicht mehr gibt, auf dem diese gewachsen sind. Junge Menschen, die in soziale Randlagen geworfen sind, die keinen Ausbildungs- oder Arbeitsplatz haben, können nichts schmieden. Es ist daher ebenso kostspielig wie sinnlos, wenn das Strafrecht versucht, den Jugendlichen den Satz vom »Glückes Schmied« mit repressiven Mitteln einzubleuen. Der Anstieg der Jugendgewalt geht Hand in Hand mit der sozialen Desintegration.

Wer meint, er könne das soziale Netz zerschneiden und durch Gefängnisgitter ersetzen, möge sich in den Vereinigten Staaten von Amerika umschauen: Dort ist, auch aus diesem Grund, die Inhaftierungsquote innerhalb von zwanzig Jahren um 500 Prozent gestiegen. 2,2 Millionen Menschen saßen Ende 2003 in amerikanischen Gefängnissen. Insgesamt sind 6,9 Millionen Menschen in Haft oder stehen unter Bewährungsaufsicht (so meldete es die *New York Times* unter Berufung auf eine Statistik des Justizministeriums im Juli 2004). Jeder 109. Amerikaner sitzt ein. Es sitzen mehr Schwarze als Weiße hinter Gittern: Erstere machen nur 12 Prozent der Bevölkerung, aber 52,3 Prozent der Gefängnisinsassen aus. Fast 11 Prozent aller schwarzen Männer im Alter von fünfundzwanzig bis neunundzwanzig Jahren waren 2003 eingesperrt. Vor allem die Bundesgefängnisse sind überfüllt: Dort sind 39 Prozent mehr Gefangene untergebracht als nach den Kapazitätsplänen eigentlich vorgesehen.

Die USA, so analysiert Loïc Wacquant, Soziologieprofessor in Berkeley, betreiben eine Politik, die die Folgen ihres eigenen Versagens kriminalisiert. Es wächst dort freilich auch neue Erkenntnis, weil die Hysterie des Einsperrens nicht finanzierbar ist:

30

An die 40 Milliarden Dollar kostet das Einsperren jedes Jahr. Soziale Ausgrenzung kann man nicht mit Polizei und Gefängnis beenden. Wenn man das macht, produziert man nicht nur ein strafrechtliches, sondern auch ein ökonomisches Desaster. Das Strafrecht ist kein Mittel zur Bewältigung gesellschaftlicher Großprobleme, sondern ein Instrument zur Feststellung und Bestrafung von individueller Schuld. Wer auf soziale Desintegration mit dem Strafrecht antwortet, verschärft die Spaltung der Gesellschaft.

Der Sozialstaat ist kein Feldlazarett. Wäre er nur dieses, könnte er in der Tat einpacken, wenn der Kampf zwischen Kapital und Arbeit zu Ende geht. Sozialpolitik dient nicht nur der Befriedung des Klassenantagonismus und der Optimierung der kapitalistischen Ökonomie. Diente sie nur dazu, wäre sie am Ende, wenn es dieser Ökonomie ohne Sozialpolitik optimal geht. Sozialpolitik ist auch sehr viel mehr als eine gesellschaftliche Verpflichtung gegenüber den Armen, sehr viel mehr als eine Fortsetzung von Notstandsküchen, Obdachlosenhilfe und Armenfürsorge, sie ist sehr viel mehr als eine Frage der Nächstenliebe – erschöpft sich aber schnell, wenn sie sich dem Ziel einer Lebensstandardsicherung verpflichtet. Sozialpolitik ist die Basispolitik der Demokratie. Eine moderne Sozialpolitik sorgt dafür, daß der Mensch Bürger sein kann. Sie gibt ihm Grundsicherung und Grund-

sicherheit. Seine Freiheitsrechte, seine politischen
Rechte brauchen ein Fundament, auf dem sie sich
entfalten können. Eine Demokratie, die auf Sozialpolitik verzichtet, gibt sich auf.

Es ist ziemlich in Vergessenheit geraten, daß
»Social Security«, Grundsicherheit, in der Allgemeinen Erklärung der Menschenrechte steht.[1] Artikel 22 besagt:

»Jeder Mensch hat als Mitglied der Gesellschaft ein Recht auf soziale Sicherheit, er hat
Anspruch darauf, durch innerstaatliche Maßnahmen und internationale Zusammenarbeit
unter Berücksichtigung der Organisation und
der Hilfsmittel jedes Staates in den Genuß
der für seine Würde und die freie Entfaltung
seiner Persönlichkeit unentbehrlichen wirtschaftlichen, sozialen und kulturellen Rechte
zu gelangen.«

Sozialstaat und Demokratie gehören zusammen,
sie bilden eine Einheit. Wer den Sozialstaat beerdi-
gen will, der muß also ein Doppelgrab bestellen.

Ein moderner Sozialstaat ist allerdings keine
Unternehmung, die nur auf den Versicherungsfall wartet und dann helfend eingreift. Seine Leistungsstärke zeigt sich also nicht nur am Niveau
der Versorgung, wenn dieser Fall eintritt und er
dann die Kalamitäten möglichst gut ausgleicht. Die

32

Leistungsstärke des modernen Sozialstaats zeigt sich auch an der Kreativität, mit der er es seinen Bürgern ermöglicht, selbstbestimmt zu leben. Der moderne Sozialstaat ist ein Sozialstaat, der ins Soziale investiert, in die Bildung der Kinder der neuen Unterschichten, der die Schwächen der »Generation Migration« in Stärken verwandelt, der die sprachlichen Kompetenzen und den interkulturellen Reichtum dieser Generation fördert. Solche Sozialpolitik wächst über ihre industriegesellschaftliche Herkunft hinaus. Sie sorgt für annähernd vergleichbare Lebenschancen.

Die Bürger einer Demokratie brauchen Ausbildung und Auskommen, sie brauchen eine leidlich gesicherte ökonomische Existenz, sie müssen frei sein von Angst um die eigenen Lebensverhältnisse. Deshalb sind Reformen, die Langzeitarbeitslose auf eine Rutsche in die Armut setzen, undemokratisch.

Die gewaltigen gesellschaftlichen Modernisierungsprozesse, die epochalen Umwälzungen der Arbeitsgesellschaft lassen sich nicht entwickeln mit Bürgern, die um ihre Existenz Angst haben müssen. Sie lassen sich auch nicht entwickeln auf der Basis einer Illusion: der Illusion, daß es, Globalisierung und Massenarbeitslosigkeit hin oder her, eigentlich genügend Arbeitsplätze gebe – die jedoch erstens nicht gefunden werden, so daß der Staat mit seinen Arbeitsagenturen nachhelfen muß, und die zweitens nicht besetzt werden können, weil die Arbeitskräfte zu teuer oder die Arbeitslosen zu bequem seien. Eine Demokratie, die auf der Basis solcher Illusionen eine Agenda entwickelt, die nicht nur soziale Leistungen einschränkt (was ja nicht a priori ungerecht ist), sondern die sie begründenden sozialen Rechte abbaut, um auf diese Weise angeblich Arbeitsplätze zu schaffen, baut Demokratie ab.

Demokratie ist eine Gemeinschaft, die ihre Zukunft miteinander gestaltet – *miteinander!* Exklusion, also einen Teil der Menschen von dieser Gemeinschaft auszuschließen, verträgt sich nicht mit einer solchen Gemeinschaftsaufgabe. Soziale Rechte sind Rechte auf Teilhabe, sie sollen den Zusammenhalt innerhalb der Gesellschaft wahren und sie vor Verwahrlosung bewahren. Um Visionen zu entwerfen, wie eine Arbeitsgesellschaft der Zukunft aussehen könnte, braucht man ein vitales Gemeinwesen, braucht man eine Gesellschaft, aus der nicht ein Drittel ausgeschlossen wird. Nur eine vitale Gemeinschaft hat die Kraft, das alte betriebswirtschaftliche Weltbild zu durchstoßen und eine kopernikanische Wende der Arbeitswelt einzuleiten, in der nicht mehr allein Kapital und Markt definieren, was als Arbeit zu verstehen ist.

Düster sieht die Zukunft der Arbeit nämlich nur dann aus, wenn man darunter vor allem Tätigkeiten versteht, die auf die Herstellung von Gütern ausgerichtet sind. Dann lehrt ein Blick in eine moderne Fabrik tatsächlich, daß der Arbeitsgesellschaft die Arbeit ausgeht – weil dort, wo früher tausend Leute standen, nur noch fünfzig stehen, die ein Vielfaches dessen produzieren, was früher die tausend produziert haben. Ein Blick in die Kindergärten, Altersheime, Krankenhäuser und Schulen lehrt anderes: Dort gibt es Arbeit in Hülle und Fülle. Heute ist die Arbeit am Menschen, die Arbeit in Pflege und Betreuung, in Bildung und Kultur notleidend. Und wenn der ökologische Umbau der Gesellschaft richtig angepackt wird, angefangen bei der Verlagerung des Lastwagenverkehrs auf die Schiene, entfaltet sich ein Beschäftigungswunder.

Es gibt unendlich viel Arbeit, die Gemeinschaft stiftet, die für inneren Frieden sorgt; es gibt Arbeit, die unter den Mantel kriecht, den die Politik über die neuen Armen dieser Gesellschaft ausgebreitet hat; es gibt die Arbeit, die auf die Natur Obacht gibt. Das alles ist Gemeinwesenarbeit, die chronisch unterbezahlt ist oder von der man erwartet, daß sie ehrenamtlich, also umsonst, erledigt wird. Der alte, enge Begriff von Arbeit muß also gesprengt, der Arbeitsbegriff vervielfältigt werden – die Arbeit für die Gemeinschaft muß den Rang bekommen, der ihr gebührt. Hier ist das neue Feld der neuen Arbeitsgesellschaft. Und dann kann ein neuer Friedrich Engels dessen Traktat vom Anteil der Arbeit an der Menschwerdung des Affen fortschreiben und den »Anteil der neuen Arbeit an der Menschwerdung des Menschen« beschreiben. Das ist die Chance der Krise. Auch wenn das Wort »Chance« angesichts der Massenarbeitslosigkeit frivol klingen mag: Diese Frivolität ist Notwendigkeit.

Man hört freilich nicht nur die Finanzminister lachen bei der Frage, wer diese Arbeit denn bezahlen soll. Wer? Es gibt einen überquellenden Reichtum in dieser Gesellschaft; verantwortungsbewußte Sozial- und Gesellschaftspolitik muß diesen Reichtum abschöpfen. Nicht die freie Entfaltung des Kapitals ist das Anliegen der bürgerlichen Freiheitsrechte, sondern die freie Entfaltung der Persönlichkeit jedes einzelnen. Eine Umverteilung von oben nach unten zum Zweck der sozialen Grundsicherung aller Bürgerinnen und Bürger und zur Herstellung annähernd gleicher Lebenschancen ist kein sozialistischer Restposten, kein Sozialklimbim, kein Gedöns, sondern demokratisches Gebot. Es geht darum, die Menschen in die Lage zu versetzen, Bürger zu sein. Der moderne Sozialstaat befreit den Menschen nicht nur vom Status negativus, also vom Leben in Not, sondern ermöglicht ihm den Status positivus.

Mit der inneren Sicherheit des Menschen verhält es sich so wie mit der inneren Sicherheit des Staates: Sie wird nicht nur mit repressiven Mitteln hergestellt, sondern auch und vor allem mit den Mitteln der Prävention. Vorbeugen ist besser. So verstanden ist präventive Sozialpolitik keine Verengung der Sozialpolitik und der Sozialarbeit, sondern ihre Erweiterung. Es geht dabei auch darum, den Kapitalismus so zu zähmen, daß er die Demokratie nicht frißt. Es wird dies der zweite Teil des großen Projekts »Mehr Demokratie wagen«, das einst Bundeskanzler Willy Brandt begonnen hat.

Kapitel 2:

Reichtum verpflichtet

Wie man den Sozialstaat bezahlen kann

Die Marktwirtschaft produziert soziale Ungleichheiten, weil der Erfolgreiche ja etwas von seinem Erfolg haben will und haben soll. Die sozialen Ungleichheiten verfestigen sich durch die Garantie von Eigentum und Erbrecht. Das liegt in der Natur der Sache, und das ist so in Ordnung. Der Staat muß freilich diese Ungleichheiten in gewissem Umfang ausgleichen, sonst läuft, wie im ersten Kapitel dargelegt, für einen Teil der Menschen die Freiheit leer – weil ihnen die sozialen Voraussetzungen zur Realisierung ihrer rechtlichen Freiheiten fehlen.

Ungleichheiten ausgleichen – das Grundgesetz ist an dieser Stelle von erhabener Kargheit: »Eigentum verpflichtet« steht im Artikel 14 Absatz 2. Und es schiebt noch die knappe Ergänzung hinterher: »Sein Gebrauch soll zugleich dem Wohle der Allgemeinheit dienen.« Die Politik in Deutschland macht von diesem Satz immer weniger Gebrauch.

Kein anderer Artikel aus dem Grundrechtskatalog ist beim Gesetzgeber so in Vergessenheit geraten wie dieser Artikel 14 Absatz 2. Gelegentlich haben Politiker gefordert, Altbundeskanzler Helmut Schmidt zuvorderst, die Grund- und Menschenrechte um Grund- und Menschenpflichten zu ergänzen. Daß in der Verfassung schon eine Grundpflicht steht, davon will man offensichtlich nicht mehr Notiz nehmen. Wie gesagt: »Eigentum verpflichtet. Sein Gebrauch soll zugleich dem Wohle der Allgemeinheit dienen.«

Dieser Artikel 14 Absatz 2 erzeugt in der herrschenden Politik seit je seltsame Verlegenheit, als handele es sich um eine Jugendsünde der Bundesrepublik. Auch das Bundesverfassungsgericht, sonst glanzvoller Architekt und Großmeister beim Bau von dogmatischen Gebäuden, hat zwar des öfteren auf die Gemeinwohlbindung des Eigentums hingewiesen, ihr aber letztlich nur ein rechtfertigendes Gewicht bei Eigentumsbeschränkungen zugestanden – den mit ihr erteilten Verfassungsauftrag hat es kaum erwähnt. So kommt nicht von ungefähr, daß sich kaum noch jemand an Entscheidungen erinnert, in denen das Gericht vom Gebot einer sozial gerechten Eigentumsordnung gesprochen[2] oder die besondere Verantwortlichkeit des Kapitals gegenüber dem Gemeinwohl und der Arbeitnehmerschaft hervorgehoben hat.[3] Diese Entscheidungen sind höchst nachlesenswert, zumal für eine Politik, die vom Sozialstaat nur noch in Verbindung mit dem Adjektiv »unbezahlbar« spricht.

Über Konzerne liest man in einem Urteil vom 7. August 1962 sehr Bemerkenswertes:

»Die in der Größe der Betriebe und in der Höhe der eingesetzten Kapitalien verkörperte Zusammenballung wirtschaftlicher Einfluß- und Entscheidungsmöglichkeiten hat zur Folge, daß das unternehmerische Verhalten der Konzernleitungen über das Schicksal des einzelnen Unternehmens hinaus auf die gesamte Volkswirtschaft und die Konjunktur einwirkt, selbst auf Arbeitsmarkt-, Preis- und Währungspolitik. Dennoch hat sich der Gesetzgeber für die unternehmerische Freiheit auch des Konzerns entschieden. Dabei gilt aber die insbesondere in Art. 14 Abs. 2 GG statuierte Verantwortlichkeit gegenüber dem Gemeinwohl erst recht für die Konzernleitung.«[4]

Die Verantwortlichkeit gegenüber dem Gemeinwohl gilt erst recht für die Konzernleitung! Und was ist daraus geworden? Verglichen mit den juristischen Bauten, die über den anderen Grundrechtsartikeln errichtet wurden, steht über dem Artikel 14 Absatz 2 nur eine Hundehütte. Deshalb haben die ökonomische Lehre des sogenannten

Neoklassizismus und eine um sich greifende wirtschaftliche Praxis die zwei Wörter des Grundgesetzes stillschweigend so ergänzt: Eigentum verpflichtet – zu nichts, außer zur Eigentumsvermehrung und Gewinnmaximierung.

In welchem Geist die Mütter und Väter des Grundgesetzes die Grundpflicht des Eigentümers formuliert haben, wird dem deutlich, der die Landesverfassungen liest. Zum Beispiel die Bayerische Verfassung, Artikel 168 Absatz 2:

>»Arbeitsloses Einkommen arbeitsfähiger Personen wird nach Maßgabe der Gesetze mit Sondersteuern belegt.«

Oder Artikel 123 Absatz 2 und 3 der Bayerischen Verfassung:

>»Verbrauchssteuern und Besitzsteuern müssen zueinander in einem angemessenen Verhältnis stehen. Die Erbschaftssteuer dient auch dem Zwecke, die Ansammlung von Riesenvermögen in den Händen einzelner zu verhindern.«

Oder Artikel 161 Absatz 2 der Bayerischen Verfassung:

»Steigerungen des Bodenwertes, die ohne besonderen Arbeits- oder Kapitalaufwand des
Eigentümers entstehen, sind für die Allgemeinheit nutzbar zu machen.«

Die Hessische Verfassung ist nicht minder deutlich. Artikel 39 Absatz 1:

»Jeder Mißbrauch der wirtschaftlichen Frei-
heit – insbesondere zu monopolistischer
Machtzusammenballung und zu politischer
Macht – ist untersagt.«

Artikel 47 der Hessischen Verfassung formuliert
Besteuerungsgrundsätze:

»1. Das Vermögen und das Einkommen werden progressiv nach sozialen Gesichtspunk-
ten und unter besonderer Berücksichtigung
der familiären Lasten besteuert.
2. Bei der Besteuerung ist auf erarbeitetes Vermögen und Einkommen besondere Rücksicht
zu nehmen.«

In der deutschen Realität ist mit diesen Verfas-
sungssätzen freilich in etwa so umgegangen worden, wie die Menschen landläufig mit dem achten
Gebot umgehen. Dort steht bekanntlich: Du sollst
kein falsches Zeugnis geben. Die politische Reali-

45

tät in Deutschland straft die Verfassungssätze Lügen. Und die Steuersenkungsdiskussion, die seit Jahren anhält, will die genannten Verfassungsgrundsätze immer tiefer vergraben. Sie will die zahlreichen Ausnahmetatbestände im deutschen Steuersystem, die der wahre Grund für dessen geringe Ertragskraft sind, beibehalten und zugleich die nominalen Steuersätze weiter senken. Es sei zwar richtig, daß das deutsche Abgabensystem im internationalen Wettbewerb gravierende Nachteile hat, »welche der ... Steuersenkungsdiskussion eine scheinbare Legitimität verschafft haben«, so Fritz W. Scharpf, Direktor am Max-Planck-Institut für Gesellschaftsforschung in Köln, in einem Aufsatz für die *Frankfurter Hefte:* Sie betreffen aber nicht das Niveau, sondern die Struktur der Abgabenbelastung.[5]

Die Steuerquote ist in Deutschland sehr niedrig; sie ist seit 1965 nicht mehr gestiegen; dafür aber ist die Sozialabgabenquote sehr hoch, sie hat sich seit 1965 fast verdoppelt. »Beschäftigungspolitisch notwendig wäre«, so Scharpf, »eine radikale Senkung der Sozialbeiträge.« Dies sei nicht durch Kürzungen bei den Sozialleistungen zu erreichen, sondern durch eine Verlagerung der Finanzierungslast auf das Steuersystem – und dort vor allem auf die Einkommensteuer. Statt dessen fordert die deutsche Steuerdiskussion die Fortsetzung der Politik massiver Steuersenkungen. Der Gesetzgeber betreibt staatliche Reichtumspflege – in der vergeblichen Hoffnung darauf, daß Steuerentlastungen positive Beschäftigungseffekte erzeugen.

Erzeugt worden ist statt dessen etwas anderes: ein allgemeines Bewußtsein, daß die Unternehmenssteuern immer weiter herunter müssen. Der Gesetzgeber selbst hat durch sein eigenes Verhalten den Eindruck genährt, der Staat – der Sozialstaat, der Umweltschutzstaat, der Steuerstaat zumal – sei ein Störenfried. Er hat sich so verhalten, als habe er dies nun erkannt und akzeptiert. Indes: Mit keinem Lohnverzicht, keinem Verzicht auf Arbeits-, Kündigungs- oder Umweltschutz, mit keinem Sozial- und Demokratieabbau, mit keinen noch so aggressiven Exportstrategien und auch mit orgiastischen Steuersenkungen auf 1 Promille sind oder wären die in der westlichen Welt verschwundenen Arbeitsplätze in der Industrie zurückzuholen – ebensowenig wie die Millionen von Stellen, dies es früher in der Landwirtschaft gab.

Der Gesetzgeber hat den Staat in einen Lohnsteuerstaat verwandelt, in einen Staat also, den die auf das normale Arbeitseinkommen erhobenen Steuern finanzieren müssen. »Innerhalb des Steueraufkommens verringerte sich der Beitrag der Gewinn- und Kapitaleinkünfte deutlich, während die Lohnsteuer immer mehr Gewicht gewann.« So beschreibt ein Gutachten des Deutschen Instituts für Wirtschaftsforschung in Berlin vom Juli 2002 die

Entwicklung des deutschen Steueraufkommens seit den fünfziger Jahren. Der Faktor Arbeit wurde immer stärker belastet, die abhängig Beschäftigten wurden immer mehr zur Kasse gebeten. Demgegenüber

»verringerte sich die Belastung der Gewinn- und Kapitaleinkünfte in Relation zu den Bruttoeinkommen aus Unternehmertätigkeit und Vermögen von 34 Prozent Anfang der achtziger Jahre auf gegenwärtig unter 20 Prozent ... Im Trend der vergangenen zwanzig Jahre ist in Deutschland eine deutliche Verschiebung zu Lasten der Arbeitseinkommen und zu Gunsten der Gewinn- und Vermögenseinkünfte zu beobachten ... Im internationalen Vergleich liegt das Aufkommen der deutschen Vermögensbesteuerung in Relation zum Bruttosozialprodukt sehr niedrig.«

1980 erreichten die Ertragssteuern auf Unternehmens- und Vermögenseinkommen noch 94 Prozent des Lohnsteueraufkommens; 1990 waren es noch 80 Prozent, 1999 73 Prozent und 2003 nur noch 54 Prozent. Von 2000 bis 2003 stiegen die Gewinne der Unternehmen um 24 Milliarden Euro, doch deren Steuerlast ging um 33 Milliarden Euro und damit um ein Drittel zurück (so die Berechnung von Gustav Obermair und Lorenz Jarass,

Mitglieder der Kommission zur Reform der Unternehmensbesteuerung und des Wissenschaftlichen Beirats der Kommission zur Reform der Gemeindefinanzen).[6] Zum Vergleich: Der Etat des Bundesministeriums für Bildung und Forschung lag 2004 bei 8,2 Milliarden Euro.

Zu Beginn der Ära Kohl im Jahr 1983 hatten die Unternehmenssteuern (also die Besteuerung der Kapitalgesellschaften durch Körperschaftsteuer und die der Personengesellschaften beziehungsweise Familienbetriebe durch die Einkommensteuer) zusammen einen Anteil von 14,3 Prozent am Gesamtsteueraufkommen. Beim Regierungsantritt von Rot-Grün im Jahr 1998 hatten beide Steuern noch einen Anteil von 6,7 Prozent. Im Jahr 2001, nach drei Jahren rot-grüner Regierung, betrug der Anteil zusammen noch 1,8 Prozent. Die Einnahmen aus der Einkommensteuer fielen binnen drei Jahren von 12,2 auf 4,6 Milliarden Euro. Im Jahr 2001 hat der Staat der Wirtschaft gar 426 Millionen Euro mehr an Körperschaftsteuern zurückerstattet als eingenommen. Das *Handelsblatt* stellte im August 2001 denn auch fest: »Die ›Steuerlast‹, über die die Wirtschaft immer noch klagt, ist eher ein Phantomschmerz.«[7] Das Kapital jedoch ist mit dieser Entwicklung immer noch nicht zufrieden.

Ein zugleich wettbewerbsfähiges und ergiebiges Abgabensystem ließe sich, so Fritz W. Scharpf,

49

durch den Übergang zu einer »dualen Einkommensteuer« erreichen, wie sie in den skandinavischen Ländern praktiziert wird: Dort wurde (bei gleichzeitiger Beseitigung fast aller Steuervergünstigungen) zwar der Steuersatz für Unternehmensgewinne und die Erträge international mobiler Kapitalanlagen auf ein international noch konkurrenzfähiges Niveau von 25 bis 30 Prozent gesenkt, für alle anderen Einkommensarten gelten dagegen auch weiterhin wesentlich höhere Steuersätze. Das Aufkommen aus der Einkommen- und Körperschaftsteuer ist in Schweden doppelt und in Dänemark fast dreimal so hoch wie in Deutschland.[8] Damit liegt die Gesamtabgabequote in diesen Ländern weit höher als bei uns, und es stehen ihnen mehr Mittel zur Verfügung, ihren Bürgern soziale Sicherheiten zu geben. Es ließe sich freilich auch ein Steuersystem denken, das solche Unternehmensgewinne privilegiert, die in Arbeitsplätze reinvestiert werden, jene aber höher besteuert, mit denen Geld sich selbst vermehren soll.

Mit Klagen über den Mißbrauch des Sozialstaats hat die herrschende Politik davon abgelenkt, daß es in Deutschland ein Armuts- und ein Reichtumsproblem gibt. Deutschland ist kein armes Land, aber es gibt immer mehr Armut in Deutschland. Armut kehrt nicht einfach zurück; sie bekommt eine neue Qualität. Es ist dies eine andere Armut als die im neunzehnten Jahrhundert. Es gibt keine arme Klasse, kein Proletariat mehr, das sich kämpferisch zusammenschließen könnte. Armut hat heute viele Gesichter: der arbeitslose Akademiker; die ältere Sekretärin, die ihren Job verloren hat; die Alleinerziehende, die den Sprung ins Berufsleben nicht mehr schafft; der Langzeitarbeitslose, der Dutzende, oft Hunderte von vergeblichen Bewerbungen hinter sich hat; Ausländer, Pflegebedürftige, Hartz-IV-Geschädigte; Familien, in denen Mann und Frau arbeiten, und trotzdem kaum die horrende Miete und die Schulutensilien für die Kinder zahlen können.

Die Halbierung der Geburtenzahlen seit 1965 ging einher mit einem Anstieg des Anteils der Kinder in der Sozialhilfe – und das, obwohl sehr viel mehr Mütter arbeiten gehen: Die sogenannte Müttererwerbsquote hat seit 1960 um mehr als 50 Prozent zugenommen. Trotzdem leben mehr als eine Million Kinder und Jugendliche unter 18 Jahren im Sozialhilfebezug, die Hälfte davon in Haushalten mit alleinerziehenden Frauen. Im Jahr 2002 machten Kinder 37 Prozent aller Sozialhilfeempfänger aus. Seit 1980 ist die Sozialhilfequote der Kinder insgesamt von 2,1 auf 6,6 Prozent gestiegen, die der unter Siebenjährigen von 2 auf 8,6 Prozent.[9]

All die relativ Armen haben wenig gemein. Armut ist nicht mehr milieubildend – deshalb hat sie sich auch in der Bundesrepublik nicht in eine

51

politische Bewegung übersetzt. Auch die Straßenproteste gegen Hartz IV, also gegen die Arbeitsmarktreformen, haben das nicht geschafft. Sicher: Nicht jeder Empfänger von Sozialhilfe ist ein Armer, vielleicht verschafft er sich mit Schwarzarbeit eine Nebeneinkunft. Die Armen in Deutschland verhungern normalerweise auch nicht; nur im Winter liest man gelegentlich Meldungen über Menschen, die »an der Kälte« erfrieren. Das stimmt aber nicht. Sie sterben an der Armut, irgendwo in einem Hauseingang oder auf einer Parkbank.

Die Armen in Deutschland sind arm, weil sie ausgeschlossen sind aus einer Welt, die sich nur den einigermaßen Situierten entfaltet. Verglichen mit dem Elend in Kalkutta sind die deutschen Armen komfortabel ausgestattet. Aber daraus ergibt sich auch das besonders Bittere für die Bedürftigen in Deutschland: Sie haben die Anerkennung ihrer Bedürftigkeit verloren.

Deshalb kann ein Politiker am Rande einer »Spendengala« für die Opfer der Tsunami-Katastrophe sagen, er könne, angesichts des Elends in Thailand und Malaysia, das Gejammer der angeblich Armen in Deutschland nicht mehr hören. Deshalb kann so rigoros ins soziale Netz geschnitten werden. Deshalb kann denen, die wenig haben, genommen werden, um es denen zu geben, die schon haben. Deshalb kann die Politik den Spit-

zensteuersatz senken und dafür die Verbrauchssteuern erhöhen. Deshalb können Arbeitgeber-
vertreter so tun, als seien Langzeitarbeitslose und
Sozialhilfeempfänger allesamt kleine Könige, die
jetzt in einer Art Umerziehungsmaßnahme wieder
an das Brot der frühen Jahre gewöhnt werden müßten. Deshalb ist es so, daß die »einschneidenden
Maßnahmen«, die die Politik propagiert und praktiziert, vor allem die kleinen Leute treffen, die kleinen Arbeitnehmer, die Familien, die Arbeitslosen,
die Wohnungssuchenden, die Pflegebedürftigen –
nach dem Motto: Kleinvieh macht auch Mist. Wer
also den Gürtel ohnehin schon eng schnallen muß,
der soll ihn noch enger schnallen, auf daß es nach
dieser einschneidenden Maßnahme der Allgemeinheit bessergehe.

Offizielle Zahlen zum Reichtum in Deutschland
gibt es nicht. Die Grunddaten: Die untere Hälfte
der privaten Haushalte verfügt über 2,5 Prozent,
die obersten 10 Prozent der Haushalte hingegen
verfügen über die Hälfte des gesamten Privatver-
mögens. Dieser Reichtum an der Spitze nimmt
durch Erbschaften in sehr großem Maß zu; weil
immer mehr Deutsche keine Kinder haben, erbt
man nicht nur von oben, also von Vater und
Mutter, sondern trichterförmig von allen Seiten.
Schätzungsweise 200 Milliarden Euro werden derzeit jährlich vererbt; das Aufkommen an Erbschaftsteuer betrug 2002 rund 3 Milliarden Euro, also

1,5 Prozent der Erbmasse – das heißt, sie ist eher eine Bagatellsteuer.

Die Diskrepanz zwischen öffentlicher Armut und privatem Reichtum wird krasser, mit allen Gefahren, die für den inneren Zusammenhalt der Gesellschaft daraus erwachsen. Ein Münchner Bürger hat in einem Brief an den Münchner Oberbürgermeister geschrieben: »Arm zu sein unter Armen, das kann man ertragen. Arm zu sein unter protzenhaftem Reichtum – das ist unerträglich.«

Deutschland hat im internationalen Vergleich die niedrigsten Besteuerungsquoten in bezug auf Vermögensbestände. Das Deutsche Institut für Wirtschaftsforschung fand im Jahr 2002 im Auftrag der Hans-Böckler-Stiftung heraus: Faßt man Grundsteuern, Erbschaft- und Schenkungsteuer, Grunderwerbsteuer und Vermögensteuer zusammen, so ergibt sich für das Jahr 1999, daß Großbritannien mit einem Anteil von 3,9 Prozent am Bruttoinlandsprodukt Spitzenreiter war, gefolgt von den USA mit 3,4 Prozent, Frankreich mit 3,2 Prozent und Japan mit 2,9 Prozent. Die fünfzehn Staaten der Europäischen Union brachten es auf einen Durchschnitt von 2 Prozent, und die OECD-Staaten auf 1,9 Prozent. Deutschland wies lediglich einen Anteil von 0,9 Prozent auf.

Seit Jahren wird jegliche Diskussion über die Einführung einer Reichtumssteuer in Deutschland sofort gestoppt mit dem Hinweis, das ginge nicht, weil das Bundesverfassungsgericht die Vermögensteuer für verfassungswidrig erklärt habe. Das ist falsch. Das Bundesverfassungsgericht hat im Jahr 1995 nicht über jedwede Vermögensbesteuerung entschieden, es hat auch nicht die Vermögensteuer für verfassungswidrig erklärt, es hat lediglich erklärt, daß diese Steuer aus verfassungsrechtlichen Gründen nicht als Substanzsteuer, sondern lediglich als Sollertragssteuer ausgestaltet werden könne, sie dürfe also nur an die möglichen Vermögenserträge anknüpfen.[10] Das Gericht wies darauf hin, daß ansonsten Steuerpflichtige mit Geldvermögen gegenüber Grundeigentümern benachteiligt würden, weil Immobilien nicht mit dem Verkehrswert, sondern mit dem viel niedrigeren Einheitswert veranlagt werden – und setzte dem Gesetzgeber eine Änderungsfrist zur Behebung dieser Ungleichheiten bis Ende 1996. Der jedoch setzte die Erhebung der Vermögensteuer einfach aus.

In eines der zahllosen Steuergesetze wurde damals, unter der Regierung Helmut Kohl, der Passus eingefügt, die Vermögensteuer werde von 1997 an »nicht mehr erhoben«. Und dabei ist es bis zum heutigen Tag geblieben. Die Grundsteuer berechnet der Staat noch immer nach völlig veralteten Einheitswerten, die, wenn es hoch kommt, bei 20 Prozent der Verkehrswerte liegen. Und die Schere zwischen Armut und Reichtum in Deutsch-

55

land ist seitdem immer weiter auseinanderge-
gangen.

Das könnte auch das Bundesverfassungsgericht
in Karlsruhe beeindrucken und zu einer Korrektur
seiner damals von Richter Paul Kirchhof geprägten
Auffassung veranlassen, daß die Vermögensteuer
nur aus dem Vermögensertrag geschöpft werden
dürfe. Traditionell ist die Vermögensteuer überwiegend als Substanzsteuer verstanden worden.
Mit Recht: Schließlich, darauf hat der frühere Bundesverfassungsrichter Ernst-Wolfgang Böckenförde hingewiesen, wird ja das Vermögen durch
den Staat und die Rechtsordnung gesichert, und
ein großes Vermögen begründet auch eine eigene
steuerliche Leistungsfähigkeit. Eine Vermögensbesteuerung darf allerdings auch nicht als Weg in die
Konfiskation von Vermögen mißbraucht werden.

An dieser Stelle eine Gedenkminute für die
rasanteste Wertsteigerung, die jemals ein Flek-
ken deutscher Boden erfahren haben dürfte: Es geschah am Abend des 20. Juni 1991. Der Bundestag
stimmte nach einer fulminanten Debatte mit 338
gegen 320 Stimmen für den Umzug »in die alte
Reichshauptstadt« Berlin – der Berliner Boden
verteuerte sich daraufhin um rund 100 Milliarden
Mark. »Creatio ex nihilo«, (Wert-)Schöpfung aus
dem Nichts, hat das der Berliner Journalist Christian Bommarius genannt. Der Staat hat den zuge-
flogenen Reichtum nicht einmal teilweise abge-

schöpft, er hat sich, wenn die exorbitanten Wertsteigerungen durch Verkäufe realisiert wurden, keinen Wertausgleich zahlen lassen. Reich wurden andere.

Nichts liegt näher, als unverdiente Wertsteigerungen abzuschöpfen. Seit hundertzwanzig Jahren wird in Deutschland diese Forderung erhoben, von Konservativen und Sozialisten, von Christsozialen und Sozialdemokraten; erst in den vergangenen zehn, zwanzig Jahren wurde sie leiser. Offenbar hat man sich in der Zeit, bevor der Neue Markt zusammenbrach, in der Zeit, als Aktienspekulationen dort noch ungeheure Gewinne abwarfen, daran gewöhnt, daß »ex nihilo« und für nichts ungeheuer viel Geld verdient werden darf.

Im Jahr 1960, als das Bundesbaugesetz erlassen wurde, formulierte die Regierung des Bundeskanzlers Konrad Adenauer die Hauptaufgabe dieses Gesetzes so: Es solle sicherstellen, »daß dem Bodenwucher wirksam entgegengetreten wird und ein Baulandmarkt entsteht, der Bauland zu gerechten Preisen anbietet«.[11] Einer von Bundesregierung und Landesregierungen eingesetzten Expertenkommission war ein probates Mittel eingefallen, wie dieses Ziel zu erreichen sei – nämlich durch Abschöpfung der Planungsgewinne, durch Planungswertausgleich. Den Vorschlag übernahmen die Fraktionen von CDU und SPD in einem Initiativantrag zum geplanten Bundesbaugesetz[12] – er verschwand jedoch in der Versenkung, das Gesetz wählte einen anderen Weg.

Wohin dieser Weg führte, wurde spätestens 1970 klar, als der damalige bayerische SPD-Landtagsabgeordnete Georg Kronawitter vom nächtlichen Treiben auf den Äckern des Münchner Multimillionärs August von Finck berichtete, zwanzig Millionen Quadratmetern Bauerwartungsland vor den Toren der Landeshauptstadt. Das Gebiet hatte 1970 eine durchschnittliche Wertsteigerung von 20 Mark je Quadratmeter erfahren.

Der Abgeordnete, der bald darauf Münchner Oberbürgermeister wurde, prangerte das in fast jeder seiner Veranstaltungen an: »Jeden Morgen, wenn Herr von Finck wach wird, ist er um eine Million reicher geworden – auf ganz legale Weise, ohne Arbeit, ohne Leistung, ohne eigenes Zutun.« In Wahrheit, so Christian Bommarius, hatte der Baron nur die Lehre des John Stuart Mill befolgt: »Die Grundbesitzer haben ein Recht, im Schlaf reich zu werden.«

Natürlich war der Fall des Barons von Finck kein Einzelfall. Von 1950 bis 1960 stiegen die Baulandpreise in der Bundesrepublik auf 310 Prozent, bis 1965 auf 935 Prozent und bis 1970 auf 1200 Prozent. Für die Ballungsräume lag die Steigerungsrate allein von 1959 bis 1969 bei über 2000 Prozent.

Das große Geschäft macht meist nicht die Kommune; typisch ist der Fall des Großbauern, der den Quadratmeter Ackerland plötzlich für 180 statt für 4 Euro verkaufen kann, sobald der Grund baureif wird. Die Immobilienspekulation hat sich wie ein Krebsgeschwür vom Zentrum der Städte über die Innenstadtgebiete auf die gesamte Region ausgebreitet. Nur kurzzeitig sanken im Jahr 2001 die Baulandpreise, beispielsweise einiger Sonderentwicklungen in Berlin wegen, weil viele Berliner ins Umland zogen.

Der durchschnittliche Kaufwert für Bauland stieg in den alten Bundesgebieten von 1990 bis 1998 von 11,54 auf 110,42 Mark pro Quadratmeter, in den neuen Bundesländern von 1992 bis 1998 von 19,92 auf 60,37 Mark pro Quadratmeter. Für den Erwerb eines fünfhundert Quadratmeter großen Baugrundstücks in einer großen westdeutschen Kernstadt muß ein Erwerber, statistisch gesehen, derzeit 41,4 Monatseinkommen aufwenden, in einer kleinen Kernstadt 26,9, in den Umlandgemeinden 17,1 und in ländlichen Gebieten 9,3 Monatseinkommen.

Mehr als dreiunddreißig Millionen Bausparverträge harren ihrer Zuteilung. Standen im Jahr 1950 auf knapp 7 Prozent der Gesamtfläche der Bundesrepublik Häuser und Straßen, so hat sich die versiegelte Fläche heute fast verdoppelt. An jedem Tag wird in Deutschland durchschnittlich eine Fläche von hundertneunundzwanzig Hektar bebaut – auf dieser Fläche hätten zweihundert Fußballfelder Platz. Im Jahr 1999 gerieten vierhunderteinundsiebzig Quadratkilometer unter Stein und Asphalt: ein Gebiet größer als München, Köln oder das Bundesland Bremen. Die Zersiedelung der Landschaft ist zu einem Problem geworden: Das Umweltbundesamt klagt über den Verlust an Artenvielfalt, erschwerte Neubildung des Grundwassers, irreversible Bodenbegradigungen. Dazu kommen gewaltige Ströme von Pendlern.

»Steigerungen des Bodenwertes, die ohne besonderen Arbeits- oder Kapitalaufwand des Eigentümers entstehen, sind für die Allgemeinheit nutzbar zu machen.« Im März 1976 schien endlich die Stunde für diesen Artikel 161 Absatz 2 der Bayerischen Verfassung zu schlagen: Der Bundestag verabschiedete eine Novelle zum Bundesbaugesetz. Danach sollten zwar nicht, wie von der SPD ursprünglich vorgeschlagen, sämtliche Planungsgewinne, aber doch immerhin 50 Prozent von den Grundeigentümern abgeführt werden. Diesmal hatten fast alle dafür gestimmt, unter anderem auch der CSU-Parteitag von 1973 in München. Der Münchner Stadtrat forderte fast einstimmig eine stärkere Abschöpfung der leistungslosen Bodengewinne. Ebenso die CDU-Bodenrechtskommission im Mai 1973, die FDP, der 49. Deutsche Juristentag in Düsseldorf 1972, der Deutsche Städtetag, der Deutsche Mieterbund, der Bund privater Wohnungsunternehmen, der Deutsche Bauernverband, der Deutsche Siedlerbund, der Zentralverband des Deutschen Handwerks und die Gesellschaft für Wohnungs- und Siedlungswesen.

Indes: Die CDU/CSU-Mehrheit im Bundesrat lehnte den Planungswertausgleich ab, der Vermittlungsausschuß wurde angerufen, und der »abgabenrechtliche Teil« der Novelle zum Bundesbaugesetz verschwand in der Versenkung. Dort ruht er bis heute. Hans-Jochen Vogel, der ehemalige SPD-Vorsitzende, der 1974 als Bundesbauminister im Bundeskabinett immerhin die fünfzigprozentige Abgabe auf planungsbedingte Wertsteigerungen hatte durchsetzen können, kann es sich nicht so recht erklären, warum es »dafür gegenwärtig keine Voraussetzungen« gibt: »Ich könnte es mir einfach machen und Brecht zitieren – die Verhältnisse sind nicht so! Andere Sorgen erscheinen offenbar dringender; Arbeitslosigkeit, die Finanzierung der sozialen Sicherungssysteme, leere Staatskassen.«

Das Bundesverfassungsgericht hat zwar 1967 dem Gesetzgeber einen großen Wegweiser aufgestellt – aber der hat ihn nicht beachtet:

»Die Tatsache, daß der Grund und Boden unvermehrbar und unentbehrlich ist, verbietet es, seine Nutzung dem unübersehbaren Spiel der Kräfte und dem Belieben des einzelnen vollständig zu überlassen; eine gerechte

Rechts- und Gesellschaftsordnung zwingt vielmehr dazu, die Interessen der Allgemeinheit beim Boden in weit stärkerem Maße zur Geltung zu bringen als bei anderen Vermögenswerten ... Das Gebot sozialgerechter Nutzung ist aber nicht nur eine Anweisung für das konkrete Verhalten des Eigentümers, sondern in erster Linie eine Richtschnur für den Gesetzgeber, bei der Regelung des Eigentumsinhalts das Wohl der Allgemeinheit zu beachten. Es liegt hierin die Absage an eine Eigentumsordnung, in der das Individualinteresse den unbedingten Vorrang vor den Interessen der Gemeinschaft hat.«[13]

Es war in den Wind geschrieben. Der Staat versuchte statt dessen, die Wohnungsnot mit dem — inzwischen verkümmerten und seiner Gemeinnützigkeit entbundenen — sozialen Wohnungsbau und Wohnungsbauförderungsprogrammen zu lösen. Heute merkt er, chronisch unterfinanziert wie er ist, daß er nicht einmal mehr die Eigenheimzulage zahlen kann.

Ein Land, das sich primär als Industriestandort definiert, braucht Menschen, die funktionieren. Funktionieren sie nicht so, wie der Markt es gerade für notwendig hält, sind sie Mißbraucher: Die ersten Mißbraucher in Deutschland waren daher die sogenannten Asylmißbraucher und die

Gastarbeiter. Die Asylmißbraucher waren Mißbraucher, weil sie kamen, und die Gastarbeiter waren Mißbraucher, weil sie nicht mehr gingen. Es folgten die sogenannten Sozialmißbraucher. Gegen sie wurden Paragraphen in Stellung gebracht. Der echte Mißbrauch aber, der Mißbrauch von Grund und Boden durch Spekulanten und Terraingesellschaften, wurde und wird akzeptiert.

Das deutsche Bodenrecht ist asozial. Der Gesetzgeber leugnet Buchstaben und Geist der Verfassung. Dabei gilt für den Grund und Boden das Argument ersichtlich nicht, das sonst für Entlastungsmaßnahmen herhalten muß: Das Kapital sei wie ein scheues Reh. Immobilien heißen nämlich so, weil sie immobil sind. Niemand kann sie, wie Fabriken und Arbeitsplätze, ins Ausland verlagern. In den deutschen Reformdebatten heißt es gern, es gäbe kein Erkenntnisproblem, sondern ein Umsetzungsproblem. Wie wahr.

Erwerbsfreiheit und Eigentumsgarantie setzen aus sich heraus notwendigerweise immer wieder soziale Ungleichheit. »Diese Ungleichheit darf aber ein gewisses Maß nicht überschreiten, sonst geht sie über in Unfreiheit«, sagt der Rechtsdenker Ernst-Wolfgang Böckenförde. Und er setzt hinzu: »Marx wird zunehmend wieder aktueller.«[14] Böckenförde war es auch, der 1995 in sein Verfassungsgerichtsvotum zur Vermögensteuer den Satz geschrieben hat, die Sicherung unbegrenzter

Eigentumsakkumulation sei nicht der Inhalt der Eigentumsgarantie.

Wenn also der Gesetzgeber sich zum Akkumulationsgehilfen macht, wenn er nicht versucht, Ungleichheit auszugleichen, wenn er sich vor der Pflicht drückt, dem Satz »Eigentum verpflichtet« zu einer guten Geltung zu verhelfen, wenn er also seine Gemeinwohlverantwortung leugnet – dann ist Deutschland nicht der Staat, den Grundgesetz und Landesverfassungen konstituieren wollten.

Kapitel 3:

Lieber Schweine als Kinder

*Wie die Reprivatisierung
der Sozialpolitik ausgerechnet
die Menschen besonders belastet,
die solidarisch leben*

W er Schweine erzieht, ist ein produktives, wer Menschen erzieht, ein unproduktives Mitglied der Gesellschaft«: Friedrich List schleuderte diese berühmt gewordene Invektive im Jahr 1841 der liberalen Nationalökonomie entgegen. Friedrich List war der Mitbegründer des Deutschen Handels- und Gewerbevereins, Professor für Staatswirtschaft und Staatspraxis in Tübingen und Verfechter der zollpolitischen Einigung Deutschlands. So alt und so böse sein Wort auch ist, es trifft – trotz Kinder- und Erziehungsgeld, trotz der Steuerfreibeträge für Kinder – noch immer und auf neue Weise.

Die Leistungen der Familie gehen bis heute nicht in die Berechnungen des Volkseinkommens ein. Die Familien tragen die Lasten des sozialen Systems und ernten dafür – Nachteile. Wer im privaten Leben Solidarität lebt, wird im staatlichen Solidarverband bestraft. Er muß sich darauf verweisen lassen, erst einmal vom Geld anderer – vom Partner, von Kindern, von Eltern – zu zehren, bevor er selbst Anspruch auf staatliches Geld hat. So ist es beim Arbeitslosengeld 2, so ist es bei Hartz IV. Zwar nimmt die Gesellschaft gern all die Leistungen kostenlos entgegen, welche Familien bei der Betreuung und Erziehung von Kindern, ihrer Ausbildung oder bei der Pflege alter Menschen erbringen. Zum Dank dafür werden sie jedoch zusätzlich belastet. Die partielle Reprivatisierung des Sozialen trifft die sogenannte Keimzelle des Staates besonders, die, auch deshalb, immer weniger keimt.

Mehr denn je ist es so, daß kinderlose Menschen von den Leistungen der Familie profitieren und der Staat für keinen ausreichenden Ausgleich sorgt. Kinderlosigkeit ist epidemisch. Frauen, die zu Kriegsende geboren wurden, blieben zu 13 Prozent ohne Kinder, beim Geburtsjahrgang 1955 waren es schon 19,5 Prozent. Und bei den Frauen, die 1965 geboren wurden, wird die Anzahl derer, die endgültig kinderlos bleiben, auf 31,2 Prozent geschätzt. Die Zahl der Menschen, die mit Kindern familiär zusammenleben, sinkt dramatisch: 1972 waren das noch 68,5 Prozent der Bevölkerung, im Jahr 2000 nur noch 54 Prozent. Aber nur Familien sorgen für kostenlosen Nachschub von Beitragszahlern für die sozialen Systeme; die Kinderlosen sorgen derweil für ihren eigenen Erwerb und für ihr eigenes Fortkommen. Ein Ausgleich findet nicht statt.

Das führt so lange nicht zu größeren Benachteiligungen, solange die Regel des »Dreigenerationenvertrags« noch generell gilt, daß diejenigen, die mit Arbeit Geld verdienen, mit ihren Versicherungsbeiträgen die Alten ernähren und zugleich mit eigenem Nachwuchs dafür Sorge tragen, daß auch sie später im Alter von den nachfolgenden Generationen versorgt werden. Spielt jedoch die Hälfte der Bevölkerung bei diesem Spiel der wechselseitigen Verantwortung nicht mehr mit, dann stehen die Familien als die Verlierer da. So ist das deutsche Rentenversicherungssystem ein System zur Prämierung von Kinderlosigkeit geworden.

Der Kinderlose bricht den Generationenvertrag durch einseitige Kündigung und profitiert später, im Alter, trotzdem von ihm. So werden erstens die künftigen Beitragzahler geschädigt, weil der Kinderunwillige nicht für neue Beitragszahler gesorgt hat. Und so werden Familien benachteiligt, die die Kosten der Kindererziehung tragen – derweil der Kinderlose Karriere macht und Rentenanwartschaften aufbaut, verzichten die kindererziehende Mutter oder der kindererziehende Vater womöglich auf eine Karriere.

Der Unterhalt der alten Generation ist zweifach gesichert: Die Rente ist zu 100 Prozent kollektiviert, und wenn diese fürs Leben und Pflegen nicht reicht, kommen Ansprüche gegen die Kinder dazu. Dagegen findet der Unterhalt der nachwachsenden Generation nur zu etwa 25 Prozent kollektive Unterstützung, den Rest der Zeche zahlen die Eltern.

»Kinder«, so sagt der Bielefelder Soziologe Franz-Xaver Kaufmann, »sind zu einer Art Kollektivgut geworden wie die natürliche Umwelt: Alle haben ein Interesse an Nachwuchs oder Umwelt, aber keine ökonomischen Anreize, etwas dafür zu tun.« Wer nichts dafür tut, ja selbst der, der dem Kollektivgut Schaden zufügt, profitiert von ihm in gleicher Weise wie die anderen.

Es gibt eine Altenkasse, aus der per Umlage die Renten bezahlt werden; es gibt aber keine Kinderkasse, aus der per Umlage die Kosten der Kindererziehung bezahlt werden. Der Unterhalt der Nicht-mehr-Erwerbstätigen wird im solidarischen Verband der Arbeitnehmer gewährleistet; der Unterhalt der Noch-nicht-Erwerbstätigen dagegen nicht. Kinder kriegen die Leute immer – so soll Konrad Adenauer gesagt haben, als ihm vorgeschlagen worden war, auch die Kostenlasten der Erziehung in die Sozialversicherung einzubeziehen und auf diese Weise von allen tragen zu lassen.

Kinder kriegen die Leute immer? Adenauer hat sich getäuscht, der demographische Wandel stellt die Alterspyramide auf den Kopf und führt zum Konkurs der Rentenkasse. Diese Rentenkasse wurde von Adenauer 1957 neu eingerichtet, als die von den Rentnern in der Vorkriegszeit in Reichsmark bezahlten Beiträge durch Krieg und Börsencrash untergegangen waren und viel zu kleine Renten begründeten, so daß die verarmenden Rentner dem Wirtschaftswunder zuschauen mußten. Also ersetzte Adenauer das bisherige Kapitaldeckungsprinzip durch das Umlageprinzip: Die Renten wurden von da nicht mehr aus den fiktiv angesparten Beiträgen des Rentners, sondern aus den derzeit laufend entrichteten Beiträgen der aktiven Arbeitnehmer gezahlt. Das war die Geburt des Generationenvertrags – die arbeitende Generation arbeitet auch für die nicht mehr arbeitende Generation, um von der nachfolgenden Generation Gleiches zu erfahren, und so fort. Das Prinzip dieses Generationenvertrags ist also die generationenverschobene Identität von Beitragszahlern und Leistungsnehmern.

Dieses System gerät nun immer mehr ins Trudeln, weil zum einen immer mehr Menschen immer länger Rentner sind, denen zum anderen immer weniger aktive Beitragszahler gegenüberstehen (wenn man die gegenwärtige Entwicklung fortschreibt, wird zwischen 2030 und 2050 auf einen Erwerbstätigen ein Rentner kommen) – und weil zum dritten immer weniger Kinder da sind,

71

um künftig die Umlage zu finanzieren. So nutzt das Umverteilungssystem Alterskasse Familien als Lastesel mit doppelter Last, weil es ein Umverteilungssystem Kinderkasse, welche die Kostenlast für Kinder mittragen könnte, nicht gibt. Kinderunwillige Paare, so sagt es der Kieler Philosoph Wolfgang Kersting, seien »rentenpolitische free rider«; sie befreien sich selbst von den Kosten, neue Beitragszahler heranzuziehen, die dann, wenn sie das Rentenalter erreicht haben, an ihrer statt die Beitragszahlung fortführen könnten.

Die neuere Geschichte der Familie ist die Geschichte ihrer steten Verkleinerung – von der Großfamilie zur Klein- und Kleinstfamilie hin zu deren Auflösung in Einzelteile, in Singles und Singles plus X. Der Sozialstaat hat die Entwicklung von der Groß- zur Kleinfamilie begleitet, und das, was die Kleinfamilie objektiv nicht mehr bewältigen konnte, wurde ausgelagert: Kranke in Krankenhäuser, Alte in Altenheime, Kinder in Kindergärten, Sterbende in Sterbekliniken, Behinderte in Behindertenheime und Behindertenwerkstätten. Die Sozialleistungen wurden sozusagen entpersönlicht, sie wurden aus dem Solidarverband Familie herausgenommen und monetarisiert, sie wurden in Großstrukturen institutionalisiert und verrechtlicht. Aus sozialethischen Beziehungen wurden Rechtsbeziehungen, an die Stelle familiärer Handreichung trat der zuteilende Verwaltungsakt. In dem Maß, in dem zur Finanzierung all dessen das Geld fehlt, werden Reformgesetze versuchen wollen, soziale Risiken zu refamiliarisieren – aber die Familie, die das leisten könnte, ist, mangels Förderung, nicht mehr vorhanden.

Die Gesellschaft zerfällt: Familien hier, kinderlose Lebensformen dort; mit 35 Prozent Einpersonenhaushalten ist die Bundesrepublik Spitzenreiter in der Europäischen Union. Das Bundesverfassungsgericht hat versucht, den Gesetzgeber zu verstärkter Förderung der Familien zu zwingen, zu Familienausgleich und zum Ausbau der sozialen Sicherung der Mütter. So hat es in seiner »Trümmerfrauen«-Entscheidung darauf hingewiesen, daß das bestehende Alterssicherungssystem zu einer Benachteiligung von Eltern gegenüber Kinderlosen führt, die auch innerhalb des Systems ausgeglichen werden muß.[15] Und es hat zur Pflegeversicherung ausgeführt:

»Versicherten ohne Kinder erwächst im Versicherungsfall ein Vorteil aus der Erziehungsleistung anderer beitragspflichtiger Versicherter, die wegen der Erziehung zu ihrem Nachteil auf Konsum und Vermögensbildung verzichten ... Wenn ein soziales Leistungssystem ... so gestaltet ist, daß seine Finanzierung im wesentlichen nur durch das Vorhandensein nachwachsender Generationen funk-

73

tioniert, dann ist für ein solches System nicht nur der Beitrag, sondern auch die Kindererziehungsleistung konstitutiv.«[16]

Seit Anfang 2005 müssen kinderlose Beitragszahler 0,25 Prozent mehr zur Pflegeversicherung bezahlen. Das ist nur ein winziger Schritt in die richtige Richtung. Die Nichtberücksichtigung der Leistung Kindererziehung hat das Verfassungsgericht als eine Verletzung des Gleichheitsgrundsatzes und des verfassungsrechtlichen Schutzauftrags gegenüber den Familien betrachtet; und das Gericht hat den Gesetzgeber verpflichtet, hier für Abhilfe zu sorgen.

Die Ansätze dazu werden indes von Gesetzen wie Hartz IV und der Einführung des Arbeitslosengeldes 2 konterkariert: Sie belasten, wieder einmal, in besonderem Maße die Familien. Dem familiären Unterhaltsverband droht erheblicher Einkommensverlust. Er ist eh schon im Waffeleisen eingeklemmt: Unten die Unterhaltsverpflichtung gegenüber den Kindern und oben die Unterhaltsverpflichtung gegenüber den alten Eltern, zu deren Pflegekosten er herangezogen wird. Jetzt kommt auch noch Druck von links und rechts dazu. Wird ein Familienernährer längere Zeit arbeitslos, dann fallen die Leistungen für ihn wie für jeden anderen Langzeitarbeitslosen auf Sozialhilfeniveau – aber dieses Arbeitslosengeld 2 wird ihm erst dann bezahlt, wenn vorher das Ersparte aus der Haushaltskasse verbraucht wurde, dort also nichts mehr in der Kasse klingelt und für *alle* Familienangehörigen Bedürftigkeit gemeldet werden kann. Erst dann erwächst der Anspruch auf Arbeitslosengeld 2 und sichert ein Familienleben auf Sozialhilfeniveau.

Einem Single passiert das nicht. Ein Single hat auch kaum Schwierigkeiten mit der Flexibilität, die das neue Arbeitslosenrecht ihm abverlangt. Danach muß ein Arbeitsloser jede zumutbare Arbeit annehmen, gleich, wo sie angeboten wird – ansonsten erhält er kein Arbeitslosengeld. Was soll aber ein Elternteil machen, wenn ihm Arbeit an einem ganz anderen Ort angeboten wird und der Lohn für häufigere Heimreisen nicht reicht? Wenn beliebige zeitliche und örtliche Verfügbarkeit der Arbeitskraft verlangt wird, sind Kinder hinderlich.

Das Recht weiß im übrigen nicht, was es eigentlich will, es zerrt diejenigen, die Kinder erziehen, hin und her. So zerrt das Recht hin: Das Unterhaltsrecht gibt einem alleinerziehenden Elternteil einen Anspruch gegen den anderen Elternteil auf Zahlung eines Betreuungsunterhalts, bis das Kind acht Jahre alt ist. Und so zerrt das Recht her: Das Arbeitslosenrecht dagegen verlangt von diesem alleinerziehenden Elternteil, jede ihm angebotene Arbeit ab dem dritten Lebensjahr des Kindes anzu-

nehmen, weil er ansonsten die staatlichen Sozialleistungen verliert. Kann es da wundern, daß der
Rückzug aus den Familien auf breiten Pfaden statt-
findet, daß dauerhaftes Zusammenleben immer
weniger Paaren gelingt und daß junge Frauen immer mehr zögern, ihren Kinderwunsch auch in
die Tat umzusetzen? Was als die eigensüchtige
Selbstverwirklichung insbesondere der Jungaka-
demikerinnen gerügt wird, die sich inzwischen in
großem Umfang gegen Kinder entscheiden, ist nur
die rationale Konsequenz des Leitbilds vom fle-
xiblen Menschen und der Benachteiligung von
Familien.

Statt der Arbeitswelt kinderfreundliche Züge zu
geben, wird ihr Gesicht immer kinderfeindlicher.
Kinder sind aus dem Arbeitsleben ausradiert, als
gäbe es sie nicht, und sie sind dort ein Handicap
für die, die sie haben. Erst als ausgebildete Arbeitskräfte richtet sich das Interesse auf sie – allerdings
nur, wenn sie den Wünschen und Anforderungen
des Arbeitsmarkts entsprechen. Die Diskussion
um die Reduzierung der täglichen Arbeitszeit ist
einer Debatte über ihre Anhebung gewichen. Teil-
zeitarbeit ist mütterlich und hindert nach wie vor
am beruflichen Fortkommen. Und mit einer Locke-
rung des Kündigungsschutzes und der damit ge-
wünschten noch größeren Flexibilität von Arbeitnehmern könnten sich Kinder für die Eltern noch
mehr als Klotz am Bein erweisen.

Familien sind in unserer Gesellschaft nicht gut positioniert. Es ergeht ihnen wie dem Hasen beim Wettlauf von Hase und Igel: Trotz aller Anstrengungen der Familien, mit Hilfe der Politik ein größeres Stück vom gesellschaftlichen Reichtum abzubekommen, können diejenigen, die Kinder zwar für ihre künftige Alterssicherung brauchen, aber selber keine haben, stets aufs neue vermelden: Wir sind längst da.

Politik wird offensichtlich für Agenda-Menschen gemacht. Friedhelm Hengsbach, Jesuit und Professor für Wirtschaftsethik in Frankfurt am Main, bezeichnet damit diejenigen Menschen, die sich den Spielregeln des Marktes unterwerfen, Marktrisiken abschätzen können, mit ihrem Einkommen und dem Einkommen ihres Partners einen jedenfalls durchschnittlichen Lebensstandard pflegen, die geltenden Steuern und Abgaben als eigentlich unzulässige Eingriffe des Staates in ihre Eigentumsrechte empfinden und denen zuzumuten ist, familiäre und heimatliche Bindungen abzustreifen, wenn diese den Arbeitseinsatz behindern. Agenda-Menschen sind flexibel, mobil, selbstorganisiert und risikobereit. Sie sind die Athleten des freien Marktes. Der Agenda-Mensch ist der neue Mensch, derjenige, dem der alte Adam ausgetrieben ist, der ihn – wider alle ökonomische Vernunft – an seinem Herkunftsort, an seiner Familie, an seinen Gewohnheiten und Traditionen festhält.

Erfolgreich, das ist die Botschaft des Neoliberalismus, ist am Ende nur der, der sein Leben ganz der ökonomischen Rationalität unterwirft, der Rücksichten abwirft und sich selbst zu einem Funktionselement des Marktes macht. Wenn so ein Agenda-Mensch dann doch einmal die Hilfe des Sozialstaats in Anspruch nehmen muß, dann kann man ihn mit Druck und Leistungsanreizen wieder dazu bewegen, sich auf seine eigene Stärke und Selbstverantwortung zu besinnen.

Wer nicht bereit ist, eine Arbeit zweihundert oder fünfhundert Kilometer von seinem Wohnort, seiner Familie entfernt aufzunehmen, wer es für unzumutbar hält, rund um die Uhr abrufbereit zu sein, weil er sein Leben planen, weil er sich um seine Kinder kümmern möchte, der kann leicht arbeitslos werden und muß sich womöglich nachsagen lassen, er mache es sich im sozialen Netz bequem. Das ist das Menschenbild, das mittlerweile die Programmpapiere von fast allen politischen Parteien beherrscht. Im Zentrum steht die Verwertung der Arbeitskraft um jeden Preis, und also zu immer schlechteren Preisen. Wer nicht produziert, ist draußen.

In Deutschland steht dieser Agenda-Mensch seit 1982, seit dem Papier des Grafen Lambsdorff, das die SPD/FDP-Koalition unter Bundeskanzler Helmut Schmidt beendete, für das Menschenbild aller Bundesregierungen. Im Schröder/Blair-Papier, das der deutsche Bundeskanzler und der britische Premierminister im Sommer 1999 unter dem Titel »Der Weg nach vorne für Europas Sozialdemokraten« veröffentlichten, wird die Arbeitskraft als Ware unter anderen behandelt: »Die Produkt-, Kapital- und Arbeitsmärkte«, so heißt es da, »müssen allesamt flexibel sein: wir dürfen nicht Rigidität in einem Teil des Wirtschaftssystems mit Offenheit und Dynamik in einem anderen verbinden.« Das »Humankapital« – so wird die Arbeitskraft von der Versicherungsbranche und von den Militärs schon immer und von der Wachstumstheorie seit einiger Zeit genannt – soll so mobil sein wie das Kapital.

Also machen die Parteien Politik nach dem Paternosterprinzip. Der Paternoster, dieser Aufzug mit den offenen Fahrkörben, ist zwar als Personenaufzug generell nicht mehr zugelassen, sein Prinzip gilt aber jetzt in der Wirtschafts- und Sozialpolitik: Der gesunde, gewandte und leistungsfähige Mensch kann aus den Fahrkörben jederzeit ein- und aussteigen. Die anderen, die mit Kinderwagen, die mit Krücken, die Alten und die Schwachen, die müssen draußen bleiben, die werden nicht befördert. Es hat sich in den Köpfen der Menschen ein Fortschrittsfatalismus eingenistet, der dies nolens volens akzeptiert: Das ist nun mal der Fortschritt, die sind selbst schuld daran, wenn sie nicht so wendig sind – und deshalb ist es auch recht, sie dafür zu bestrafen. Das ist Paternoster-logik.

Die Devise lautet: Freie Fahrt für kinder- und lastenfreie Bürger. Und so steht mittlerweile quer über dem Plan zum Umbau des Sozialversiche-rungssystems in Deutschland in großen Lettern das Wort Privatisierung. Ein Teil der Kosten und Ri-siken, die bisher staatlich abgesichert waren, soll zurück in die Privatheit transportiert werden. Es geht um teilweise Re-Privatisierung der Absi-cherung von Lebensrisiken. Kranke müssen sich stärker an den Kosten von Medikamenten und Be-handlung beteiligen. Die Alten müssen beizeiten für sich selber gesorgt haben, weil die Altersrenten gesenkt worden sind. Jeder dieser Schritte läßt aber immer mehr Menschen, nun allein auf sich gestellt, auf dem Weg in die neue Welt zurück. Sie werden abgehängt und abgestellt, weil ihre Mittel nicht reichen mitzuhalten. So produziert man neue Armut.

Schon mit der Riester-Rente sind die Jungen mit wenig Einkommen überfordert. Wie sollen Fa-milien mit geringem Einkommen private Vorsorge betreiben? Wenn die privaten Mittel dafür nicht ausreichen, ist das Loblied auf die Eigenvorsorge schnell zu Ende. Und was ist mit den Alten, die ihr Leben lang ihren Teil am Generationenver-trag erfüllt haben? Bei unter 1000 Euro liegt die Durchschnittsrente in Deutschland, Frauen haben durchschnittlich sogar unter 500 Euro, was nicht gerade für ein Luxusdasein spricht. Viele haben bislang nicht gegen Abstriche protestiert, viele tun sich aber schon schwer, alle geplanten Zuzahlungen zu leisten. Es sind – trotz aller, wenn auch widerstrebend, in die Gesetze aufgenommenen Kinderkomponenten – vor allem die Mütter, die im Alter arm sein werden. Eine Frau, die im Jahr 2025 in Rente geht, muß elf Kinder aufgezogen haben, um Rentenbezüge auf Sozialhilfeniveau zu erhalten; das hat die Caritas ausgerechnet.

Aber nicht nur in der Sozialversicherung, sondern auch in vielen anderen Bereichen schreitet die Privatisierung voran, und die Familien trifft es dabei am härtesten. Das beginnt schon bei den Einnahmequellen, die sich der Staat schafft. Statt Vermögen zu besteuern, mehren sich die Verbrauchssteuern. Wo aber viele Mäuler zu stopfen sind, wo mehr Familienmitglieder mehr Energie verbrauchen, fallen so auch mehr Steuern an. Das ist nicht Familienlastenausgleich, sondern Familienbelastungsausgleich. Dazu kommt die Privatisierung weiter Bereiche, in denen bisher der Staat Infrastrukturen vorhielt und Leistungen erbrachte. Die Mutation von Post und Bahn in Wirtschaftsunternehmen hat nicht nur aus ehemals Staatsbediensteten Manager werden lassen, sondern auch deren Blickrichtung verändert. Es geht nicht mehr um die Bereitstellung von Beförderungsdiensten, sondern um »profits«. Die erwirtschaftet man nicht mit Regionalzügen und Postagenturen, die leicht erreichbar sind, nicht mit niedrigen Preisen und gutem Service auch für die, die nicht so viel dafür bezahlen können.

Schließlich hat der Staat Kosten für Leistungen privatisiert, die er früher Familien unentgeltlich anbot. Die Schulbeförderung von Kindern muß meist von den Eltern bezahlt werden. Die Lehrmittelfreiheit ist abgeschafft oder steht nur noch auf dem Papier, weil den Schulen das Geld fehlt, in ausreichendem Umfang Schulbücher anzuschaffen. Auch hier müssen die Eltern herhalten. Nun soll auch der Weg zu den Universitäten nur mit Eintrittsgeldern, genannt Studiengebühren, eröffnet werden – nach dem Motto: Wer schon Kindergartengebühren bezahlen mußte, der kann erst recht beim Studium Geld berappen.

Die Verfechter der Studiengebühren berufen sich auf Gerechtigkeit, weil ein Studium bessere Einkommenschancen vermittle und deshalb nicht auf Kosten derer finanziert werden solle, die diese Chancen nicht hätten. Diese Logik übersieht, daß es zuvörderst die Eltern sein werden, die hier ein weiteres Mal zur Kasse gebeten werden. Sie übersieht auch, daß schon heute viel zu viele Studierende zu wenig Zeit finden zu studieren, weil sie ihren Unterhalt während des Studiums durch Arbeit finanzieren müssen. Sie verkennt, daß die

Arbeitsmarktchancen für Akademiker gar nicht mehr so rosig sind und ihre Verdienste nicht so sehr weit über anderen liegen. Sie läßt unberücksichtigt, daß nur, wer es sich leisten kann, zu Beginn seines Berufslebens schuldenfrei dasteht. Wer die Studiengebühren selbst finanzieren muß, der beginnt sein Berufsleben mit einem Schuldenberg. Da bleibt womöglich wenig übrig, um noch eine Familie zu gründen und Kinder zu erziehen.

Der Staat, der bisher mittels Steuern, die von allen nach ihrer Leistungsfähigkeit erbracht wurden, das bereitstellte, was zum Dasein und Fortkommen nötig ist, verwandelt sich in einen Abgaben- und Gebührenstaat, der für alle Leistungen abkassiert, und dabei die am härtesten trifft, die auf diese Leistungen angewiesen sind, sie aber nicht oder nur schwer bezahlen können. Das ist Familienabschreckungspolitik.

»Eigeninitiative« und »Selbstverantwortung« so heißt es in den offiziellen Erklärungen über die Privatisierung des Sozialen, sollen wieder gestärkt werden – exakt die Eigeninitiative also, die in den Familien längst praktiziert, aber immer weniger honoriert wird. Im Bereich des Betreuungsrechts – also der Pflege alter, behinderter, psychisch kranker oder sonst sehr hilfsbedürftiger Menschen – werden schon heute 80 Prozent aller Fälle ehrenamtlich geführt, überwiegend von Angehörigen, die meist nicht einmal die ihnen zustehende Aufwandsentschädigung in Anspruch nehmen – Wert: 1,3 Milliarden Euro pro Jahr.

Die Familie soll als großes starkes Auffangnetz für das soziale Sicherungssystem reaktiviert werden. Es ist dies eine Illusion: Die Familien sind schon heute großenteils überfordert und an den Sozialhilferand der Gesellschaft gedrückt. Die Gesellschaft feiert Mutter- und Vatertage, läßt aber Eltern im Stich, wenn sie Beruf und Familie miteinander in Einklang bringen wollen. Gute Vorschläge für familien- und gesellschaftsfördernde Maßnahmen liegen auf dem Tisch. James W. Vaupel, der Gründungsdirektor des Max-Planck-Instituts für demographische Forschung in Rostock, plädiert eindringlich für eine Neuverteilung von Arbeit:

»Zukünftige Generationen werden unsere Lebensläufe einmal als irrational bezeichnen. Wir komprimieren unser Arbeitsleben in die Zeit, in der wir Kinder bekommen und großziehen könnten. Wenn wir knapp sechzig Jahre alt sind, gehen wir in Rente und genießen Jahrzehnte, die zumeist aus den Sozialabgaben jüngerer Eltern, die gleichzeitig für ihre eigenen Kinder aufkommen müssen, finanziert werden. Wir verschieben die Freizeit unseres Lebens auf jene Jahre, in denen wir keine Kinder mehr zeugen können und die eigenen Kinder unsere Zeit und Kraft kaum noch benötigen.«[17]

Vaupel kommt so zu der Frage, warum wir die Arbeit nicht neu verteilen – so nämlich, daß jüngere Menschen mehr Zeit für Kinder und deren Erziehung haben und ältere Menschen ihnen dabei helfen, indem sie länger im produktiven Arbeitsleben bleiben. Eine gute Frage.

Kapitel 4:

Konform, uniform, chloroform

Die neue Scholastik in Wissenschaft und Medien

Die Moritat von der großen Fusion: Eines Tages schlug das Huhn dem Schwein eine enge Zusammenarbeit vor. Das Huhn sprach also von Kooperation, es sprach von Fusion und es schwärmte von den Chancen, die darin stecken – nach einer »gewissen Durststrecke am Anfang« freilich. Das Schwein hörte sich schweigend an, was das Huhn zu sagen hatte, und fragte dann, wie die Sache denn genau aussähe. »Wir gründen die Firma ›ham and eggs‹«, sagte das Huhn. Darauf das Schwein irritiert: »Du bist verrückt, das bedeutet doch meinen sicheren Tod!« Das sei der Sinn einer Kooperation, bemerkte das Huhn trocken.

Pfiffige Redenschreiber bei Firmen wie Daimler und Mannesmann oder bei Ex-Firmen wie Dasa und Hoechst schreiben oder schrieben ihren Vorstandsvorsitzenden womöglich zur Feier des Tages solche Geschichten gern in die Ansprache; beim Vortrag schmunzelt dann die gemischte Runde der Vorständler und Aufsichtsräte der fusionierten Firmen A und B, weil sich natürlich keiner der Herren in der Rolle des Schweins sieht. Das ist verständlich, denn ihnen geht es ja auch nicht an den Kragen und wenn, dann ist die Freisetzung gut abgesichert, wie bei Klaus Esser, dem Vorstandsvorsitzenden von Mannesmann, der als goldenen Handschlag für die nicht verhinderte Fusion mit Vodafone 60 Millionen Mark erhielt, während die Arbeitgeberverbände gleichzeitig über zu hohe Abfindungen für Arbeitnehmer in den Sozialplänen klagten. Schon eher sind die Mitarbeiter der fusionierten Firmen in der Rolle des armen Schweins, weil bei einer Fusion üblicherweise ein nicht geringer Teil von ihnen geopfert, also entlassen wird.

Solche Massenentlassungen gehören zu den wenigen Gelegenheiten, bei denen die Verachtung der Schwachen, der Verlierer und der Ausgesonderten der Märkte sich in den Medien noch vorübergehend in empathische Resignation verwandelt: »Mein Gott, die armen Leute, aber was soll man machen, die Globalisierung!« Nach kurzer Kondolenz fährt man, als handele es sich um Trauerarbeit, noch angestrengter damit fort, die »Entzauberung des Sozialstaats«, den »Abschied vom Sozialpatriotismus« und die »Entmachtung des Tarifkartells« zu beschwören, vom »verlogenen sozialen Frieden« zu reden, über die lähmende

90

»Konsensgesellschaft« und das »Hochsteuerland«
Deutschland zu klagen. So soll die Notwendigkeit
dokumentiert werden, den Sozialstaat nicht nur
zu redimensionieren, sondern ihn Schicht um
Schicht abzubauen.

Beginnend in den neunziger Jahren, hat eine
wuchtige Kampagne erst die Sprache, dann das
Denken erobert. Es begann damit, daß aus dem sozialen Netz die soziale Hängematte wurde und
statt von der Massenarbeitslosigkeit vom kollektiven Freizeitpark die Rede war; mittlerweile
wird die Kürzung von Arbeitgeberbeiträgen zur
Rentenversicherung als »Beitrag zur Generatio-
nengerechtigkeit« verkauft und eine allgemeine
Lohnsenkung als Rezept zur Gesundung des Landes ausgegeben. Die Verbetriebswirtschaftlichung
des Gemeinwesens ist über Jahre hin zumal in den
Wirtschaftsteilen der Zeitungen wie ein Dogma
verkündet worden.

Es gibt in der Nachkriegsgeschichte kaum eine
andere Frage, in der die veröffentlichte Meinung
über einen so langen Zeitraum hinweg so eng, so
undifferenziert, so festgefügt gewesen wäre wie
hier. Ein monolithischer Block. Alle anderen politischen Fragen wurden und werden kontrovers
diskutiert. Diese nicht. In allen anderen politischen Fragen gibt es ein breites Spektrum von Meinungen. Hier nicht. Die veröffentlichte Meinung
zu Fragen der Verteidigungspolitik, der Außen-

politik, der Rechtspolitik oder der inneren Sicherheit war und ist weit gefächert. Die Meinungen zur Wirtschaftspolitik nicht. Sie unterscheiden sich in der Darstellungsform, nicht im Inhalt. Der Satz »Reform ist, was Arbeit schafft« wurde und wird benutzt wie ein Mantra, und das Schnarren dieses Mantras ersetzt jede Prüfung, ob eine Reform wirklich Arbeit schafft oder überhaupt schaffen kann. Es ist so, daß nicht derjenige beweispflichtig ist, der den Abbau der Mitbestimmung, des Kündigungsschutzes und des Flächentarifvertrags fordert, vielmehr soll derjenige, der gegen eine Reform ist, darlegen, daß er damit dem Arbeitsmarkt nicht schadet. Dabei fehlt bisher jeder Beweis dafür, daß die Kürzung der Arbeitslosenhilfe und der Umbau der Bundesanstalt in eine Bundesagentur für Arbeit auch nur einen einzigen Job geschaffen hat.

So stieg das Recht auf ungestörte Investitionsausübung zum ungeschriebenen deutschen Super-Grundrecht auf. Artikel 1: »Der Standort Deutschland ist unantastbar. Ihn zu schützen und zu fördern ist oberste Verpflichtung aller staatlichen Gewalt.« Absatz 2: »Die ungestörte Investitionsausübung ist gewährleistet. Niemand darf gegen sein Gewissen zum Umweltschutz, zum Datenschutz, zum Kündigungsschutz oder zu sonst ihn beeinträchtigenden Maßnahmen verpflichtet werden. Das Nähere regelt ein Bundesgesetz.«

Die so pointierte neoklassische Ökonomie ist in Deutschland nicht die vorherrschende, sondern die allein herrschende Lehre. Sie läuft darauf hinaus, daß Staaten gemanagt werden sollen wie Firmen und sich unterwürfig um Investoren bewerben wie verzweifelte Arbeitslose. Zu dieser Politik gehört es auch, daß der Staat in der Privatisierung seiner Unternehmungen das Heil sucht; er hat sich nicht davon irritieren lassen, daß etwa die British Rail seit ihrer Privatisierung immer häufiger neben den Gleisen fährt. In Deutschland wurde die Bundesdruckerei von Finanzminister Hans Eichel privatisiert – und ruiniert. Der Blick auf schnelle Verkaufserlöse vernebelte ihm den Blick.

Die uniforme Betrachtung der wirtschaftlichen Verhältnisse und Erfordernisse in der deutschen Publizistik ist nicht zuletzt ein Ergebnis des Wandels der ökonomischen Wissenschaft in Deutschland. Während die Akzente in der internationalen Wirtschaftstheorie nicht mehr bei der neoklassischen Ökonomie gesetzt werden und die internationale Wirtschaftspolitik Abschied genommen hat von dem seit 1985 propagierten Washingtoner Konsens, der Privatisierung und Deregulierung propagiert hatte, beschleunigt die deutsche Ökonomie ihre Fahrt in diesen alten Fahrwassern.

Die Ökonomie in Deutschland wird nach wie vor durch drei Tendenzen gekennzeichnet:

- den Bedeutungsverlust der Makroökonomie zu Gunsten von Mikroökonomie und Betriebswirtschaftslehre;
- die Verdrängung von Neokeynesianern durch angebotsorientierte Neoklassik im deutschen Wissenschaftssystem;
- den im internationalen Vergleich erheblichen Rückgang der empirischen Nationalökonomie (aus der sich übrigens über die Hälfte der amerikanischen Nobelpreisträger der Ökonomie rekrutieren).

Das hat dazu geführt, daß es in Deutschland immer weniger volkswirtschaftliche Lehrstühle gibt, insbesondere solche mit staatswissenschaftlicher und empirischer Orientierung. Ein mittelbarer Druck von Banken und Konzernen hat dabei mitgeholfen. Bei den Instituten entscheiden die Verwaltungsräte über die Personalauswahl, hier haben die Träger das Sagen: Das sind Wissenschaft, Geldgeber (in der Regel Unternehmer, nur das Wirtschafts- und Sozialwissenschaftliche Institut [WSI] gehört den Gewerkschaften) und die Politik (Landes- und Bundesregierung). Die liegen seit geraumer Zeit alle im gleichen Trend. Im Metier ist es derzeit geradezu verpönt, mit den Gewerkschaften Kontakt zu haben. Die ökonomische Wissenschaft und die herrschende Politik der etablierten Parteien – das sind derzeit sich gegenseitig verstärkende Systeme.

Ein bezeichnendes Beispiel: An der Universität Frankfurt wurde nach der Emeritierung des Gelehrten Richard Hauser der Lehrstuhl »Öffentliche Wirtschaft und soziale Sicherung« umgewidmet in »Labour Economics« und besetzt mit einem Schüler von Wolfgang Franz, dem Direktor des Zentrums für Europäische Wirtschaftsforschung in Mannheim und Mitglied des Sachverständigenrats zur Begutachtung der gesamtwirtschaftlichen Entwicklung. Hauser hatte sich zuletzt im Rahmen der sozialen Sicherung und der Armuts- und Reichtumsberichterstattung der Bundesregierung einen Namen gemacht und obendrein mit Abstand die meisten Drittmittel für den Fachbereich Wirtschaftswissenschaften der Johann-Wolfgang-von-Goethe-Universität Frankfurt eingeworben, was bei den heutigen Forschungsrankings eigentlich als Indikator für »Excellence« gilt.

Das für Frankfurt traditionsreiche Fachgebiet »Öffentliche Wirtschaft und soziale Sicherung« ist nun im Fachbereich nicht mehr repräsentiert – obwohl nicht gerade behauptet werden kann, es gäbe zuviel an wissenschaftlicher Expertise zur Reform sozialer Sicherungssysteme. Von den sieben Abteilungen, in die sich der Fachbereich nunmehr organisiert, sind nur noch zwei der Volkswirtschaft zuzuordnen: zum einen »Geld und Währung«, zum anderen »Empirische Wirtschaftsforschung und internationale Wirtschaftspolitik«.

95

Die anderen fünf Abteilungen sind zuständig für Finanzen, für Wertschöpfungsmanagement, also Marketing, Logistik und Operations Management, für Rechnungswesen, für Wirtschaftsinformatik und Informationswirtschaft und schließlich für Management und angewandte Mikroökonomik.

Der Wandel der ökonomischen Wissenschaft in Deutschland manifestiert sich auch im anhaltenden Kampf gegen den Neo-Keynesianismus. Ein Ausdruck dessen war der vorderhand kindische Streit der Mitglieder des Sachverständigenrats der Bundesregierung im Januar 2005: Professor Wolfgang Wiegard von der Universität Regensburg, der Vorsitzende des Sachverständigenrats, warf Peter Bofinger, seinem neuen Professor-Kollegen im Sachverständigenrat, in aller Öffentlichkeit mangelnde Fachkompetenz in der Steuerpolitik vor. Bofinger nannte die Attacke seines Kollegen »stillos«.

Der Streit entsprang unterschiedlichen ökonomischen Konzepten: Die Mehrheit im Sachverständigenrat fordert Sparpolitik, Lohnzurückhaltung und Steuersenkungen ein, Bofinger, einer der wenigen Kritiker der herrschenden ökonomischen Lehre, hält unter anderem höhere Löhne für geboten.

Der öffentliche, auch eitle Streit ist aber nur die Kindergartenseite der Angelegenheit. Wesentlicher und wirkmächtiger sind die Machenschaften der wirtschaftspolitischen Personalpolitik auf vielen Ebenen: Gustav Horn, der Chefkonjunkturforscher des Deutschen Instituts für Wirtschaftsforschung (DIW), wurde vom Präsidenten Klaus Zimmermann wegen seiner wissenschaftlichen Ausrichtung gekündigt. Horn ist einer der letzten prominenten Verfechter einer an der Nachfrage orientierten und nach dem britischen Ökonomen John Maynard Keynes benannten keynesianischen Wirtschaftspolitik. Im Gegensatz zur derzeit dominierenden neoklassischen Lehre befürwortet die keynesianische Wirtschaftstheorie in Krisenzeiten die Ankurbelung der Konjunktur durch staatliche Ausgabenprogramme und besonders niedrige Zinsen (Globalsteuerung). Horn hatte in den allgemeinen Ruf nach Sozialabbau und Kostensenkung nicht einstimmen wollen.

Ein bedeutendes Konjunkturforschungsinstitut wie das Rheinisch-Westfälische Institut für Wirtschaftsforschung (RWI) in Essen, das zuvor noch von Globalsteuerern und Makroökonomen wie Paul Klemmer und Ulrich Heilemann geführt war, wurde mit der Übertragung der Institutsleitung an den Marktradikalen Christoph M. Schmidt umgedreht. Das bedeutet unter anderem, daß bei den Frühjahrs- und Herbstgutachten der Konjunkturforschungsinstitute zwei wesentliche Stimmen der Nonkonformität, zwei wesentliche Kritiker der kontraktiven Geldpolitik der Europäischen Zen-

97

tralbank und der kurzatmigen Finanzpolitik der Bundesregierung, wegfallen; an ihre Stelle treten Mehrheitsökonomen.

Ein drittes Beispiel für die geschilderten Tendenzen ist der Aufbau eines neoliberalen Think-Tank am IZA, dem Institut zur Zukunft der Arbeit. Der eine Teil des alten zerschlagenen Post-Imperiums hält sich eine Profiradsportgruppe (Telekom), der andere über die Poststiftung dieses Forschungsinstitut zur Zukunft der Arbeit in Bonn; Präsident des IZA ist Klaus Zumwinkel, früher McKinsey, heute Vorstandsvorsitzender der Deutsche Post World Net AG. Wissenschaftlicher Chef ist der bereits genannte Klaus Zimmermann, zugleich Präsident des DIW, der die Debatte um die Verlängerung der Arbeitszeit mit der Idee der 50-Stunden-Woche als Normarbeitszeit bereichert hat. Das IZA ist, so heißt es auf der Homepage des Instituts, »eine der tragenden Säulen im Doktorandenstudium« des wirtschaftswissenschaftlichen Fachbereichs der Universität Bonn, wo IZA-Direktor Klaus Zimmermann als ordentlicher Professor für wirtschaftliche Staatswissenschaften lehrt.

Das Institut zur Zukunft der Arbeit bemüht sich in strategischer Perspektive um die Evaluation der Arbeitsmarktreformen (Hartz I bis Hartz IV) und hat bereits heute dafür mehr operative Mittel zur Verfügung als das Institut für Arbeitsmarkt- und

Berufsforschung (IAB) bei der Bundesagentur für Arbeit oder jedes andere Arbeitsmarktforschungsinstitut im Wissenschaftssystem. Dieser konservative Think-Tank wird in Zukunft die wissenschaftliche Debatte um Reformen am Arbeitsmarkt wesentlich prägen.

Die Uniformität der öffentlichen Debatte kommt also nicht von ungefähr. Es fallen einem dazu die bösen Worte ein, mit denen Heiner Geißler einmal den Zustand der CDU in der späten Ära Kohl beschrieben hat: konform, uniform, chloroform. Gleichwohl ist die Duldsamkeit, mit der die öffentliche Meinung die veröffentlichte Meinung samt der Diskreditierung des Solidarprinzips hinnimmt, erstaunlich. Peter Ungut, es handelt sich um ein Pseudonym für einen Berliner Ministerialbeamten, hat das im *Kursbuch* so karikiert:

»Es heißt, wenn man einen Sumpf trockenlegt, darf man nicht die Frösche fragen. Doch wenn man Frösche fragt, die RTL sehen und *Bild* lesen, so darf man ihnen getrost die Einsicht zutrauen, daß das Trockenlegen des sozialstaatlichen Sumpfes im ureigensten Interesse auch dieser Frösche ist, und sie guten Mutes darüber abstimmen lassen. In der mediengesteuerten Welt ist die vierjährig getaktete Abstimmungsdemokratie keine unüberwindbare Entwicklungsbarriere.«[18]

Die beredte Diskreditierung des Sozialen ist aber nichts Neues. Wenn einer wie George Gilder (ein Publizist der Reagonomics im Amerika der achtziger Jahre) feststellte, Armut könne nur dadurch bekämpft werden, indem man die Reichen reicher macht, und daß die »Voraussetzungen einer gesunden, erfolgreichen Wirtschaft ... die Ausbreitung des Reichtums« sei, so ist das die Fortschreibung der alten Lehren des Wirtschaftsliberalismus und des Sozialdarwinismus. In Mitteleuropa, in Deutschland zumal, ist daran in den vergangenen Jahren auch fleißig fortgeschrieben worden. Neu ist allerdings, so konstatiert der Wiener Wirtschafts- und Sozialhistoriker Karl Bachinger zu Recht, »die nahezu völlige mediale und wissenschaftliche Akzeptanz des Marktfundamentalismus, das Abgleiten der Ökonomie in eine neue Scholastik, die ihre Aufgabe nur mehr darin zu sehen scheint, eine marktgöttliche Weltordnung auszudeuten – angebotsorientiert natürlich: Unternehmen als himmlische Heerscharen, die das Heil in die Welt bringen«. Eine neue Scholastik: Die scholastische Theologie hatte einst versucht, die christliche Offenbarung mit Hilfe philosophischen Denkens zu begründen und ihre Inhalte in einem einheitlichen System zusammenzufassen. Die Gefahr ihrer Methode bestand darin, daß sie trotz formal richtiger Beweisführung zu inhaltlich falschen, wirklichkeitsfremden Resultaten führen konnte.

Tatsache ist jedenfalls, daß die Situation in Deutschland von den Schlagzeilen und von den politischen Talkshows über Jahre hin so katastrophalisiert worden ist – Deutschland im Niedergang, Deutschland als Schlußlicht Europas –, daß fast alles, was sich Reform nennt, die Vermutung des Notwendigen für sich hatte. Das Feuilleton der *Frankfurter Allgemeinen Zeitung* hat am 19. Mai 2004 unter der Überschrift »Ein Brühwürfel unseres Wahns« einmal der Reihe nach ein »Konzentrat« der Titel von politischen Talkshows aus den Jahren 2000 bis 2004 abgedruckt. Das geht, sehr gerafft, ungefähr so:

»Schlußlicht Deutschland«
»Wie krank ist unser Deutschland?«
»Deutschland, armes Vaterland. Ab in die Krise«
»Zwischen dunkelrot und tiefschwarz: Wohin steuert Deutschland?«
»Korruption und Stillstand – wie kaputt ist Deutschland?«
»Deutschland, schmierig Vaterland«
»Deutschland AG vor dem Abstieg«
»Bleibt Deutschland Schlußlicht?«
»Deutschland – Europas kranker Mann«
»Wieviel soziale Gerechtigkeit können wir uns noch leisten?«
»Deutschland – immer tiefer in die Krise«

101

»Trübe Aussichten – kein Geld für Alte und Kranke«

»Feiertage weg, Steuern runter – raus aus der Krise«

»Steuern runter, Schulden rauf – geht die Rechnung auf?«

»Deutschland einig Egoland? Der Streit um die Subventionen«

Und so weiter und so fort.

Viele der Überschriften stammen von der sonntäglichen Talkrunde mit Sabine Christiansen. Als sie am 11. Juli 2004 den amerikanischen Ex-Präsidenten Bill Clinton in der Sendung hatte, ihn hauptsächlich über seine Affäre mit Monica Lewinsky ausfragen wollte, im übrigen die Bundesrepublik als Jammertal darstellte und Clinton nach einem Weg aus diesem fragte, antwortete der, welch großartige Leistung dieses Land erbracht habe, wie wunderbar es die Wiedervereinigung auch ökonomisch geschultert habe – und daß das alles nur möglich gewesen sei mit dieser hervorragenden sozialen Marktwirtschaft.

Und die *FAZ* schreibt im Vorspann der schönen ganzseitigen Auflistung des laufenden Trübsinns:

»Die Systemkritik durch die ökonomischen Eliten stellt das Land mehr in Frage, als es die Achtundsechziger je hätten tun können.

Merkwürdig daran ist, daß dieser objektive
Wahn auch noch als ›Unterhaltung‹ firmiert.«

Begleitet und unterfüttert wurde und wird diese
Katastrophalisierung von wirtschaftsfinanzierten
Kampagnen und Projekten wie dem »Bürgerkon-
vent« (gegründet 2003), der »Initiative Neue Soziale Marktwirtschaft« (gegründet 2000), »Deutschland packt's an« (gegründet 2001) oder »Marke
Deutschland« (gegründet 2002). Das alles kul-
minierte kurz nach der Bundestagswahl 2002; die
Regierung Schröder hatte unerwartet wieder gewonnen. Als die Bundesrepublik nach einem an-
strengenden Wahlkampf aus unruhigen Träumen
wieder erwachte, fand sie sich, wie weiland Kafkas
Gregor Samsa, in einem Zustand wieder, der jeder
Beschreibung spottet: Sie fand sich, so jedenfalls
die landläufigen Beschreibungen, hilflos auf dem
Rücken liegend.

Es war auf einmal, als sei das Land sich selbst
zum Feind geworden. Es herrschte Erregung,
es herrschte Panik, Oppositionspolitiker wurden
zu Propagandisten eines politischen Boykotts, Pu-
blizisten zu Klageweibern, Historiker zu Hysteri-
kern. Und eine durchaus angesehene Tageszei-
tung klagte allen Ernstes über die Demokratie und
sehnte sich nach den Notverordnungen, mit denen
fünfundsiebzig Jahre vorher das Land von General-
feldmarschall a.D. Paul von Hindenburg regiert

worden war. Kurz: Nach der von der rot-grünen Koalition unerwartet gewonnenen Bundestagswahl herrschte in Deutschland, der nach wie vor stärksten Volkswirtschaft in Europa, eine seltsame Lust am Untergang, ein Defätismus gerade so, als sei Deutschland über Nacht ein Nachbarland von Dschibuti oder Burkina Faso geworden.

Man hätte das Ganze als lächerlich abtun können, wenn sich nicht dabei ein unheilvoller Zug deutscher Mentalität enthüllte: Nur in großer Gefahr, nur im Ausnahmezustand, werden angeblich die notwendigen Kräfte geweckt, erwacht angeblich der Lebensernst. Anders gesagt: Nur wenn es uns schlecht geht, geht es uns gut. Also müssen Extremsituationen aufgesucht, also muß der Abgrund zumindest erblickt, muß die Existenz womöglich preisgegeben werden, wenn es zu einer existentiellen Bestätigung kommen soll. Man braucht den Ausnahmezustand, früher hieß das Stahlgewitter, weil der Ausnahmezustand, die Katastrophe, angeblich seine eigene Legalität gebiert und die Notlage angeblich gewohnte gesetzliche Normen außer Kraft setzt.

So hat es im Jahr 1927 Carl Schmitt propagiert, der meistgelesene und angesehenste Staatsrechtler seiner Zeit, der 1933 Reichsgruppenleiter der NS-Hochschuljuristen geworden war. In seiner unheilvollen Schrift vom *Begriff des Politischen* hat Carl Schmitt den demokratischen Staat als leerlaufende Maschine verächtlich gemacht, hat er die »Feindschaft« zur Bedingung des Politischen erklärt. Wer die deutsche Politik am Jahreswechsel 2002/2003 betrachtete, stellte fest: Carl Schmitt hat offenbar noch immer Schüler, die, wie im Jahr 1927, das »endlose Palaver« beenden und mit der »Kraft des wirklichen Lebens die Kruste einer in Wiederholung erstarrten Mechanik« durchbrechen wollen.

Es wurde ein wirtschafts- und innenpolitischer Ausnahmezustand herbeigeredet. Die Protagonisten des deutschen Desasters knüpften, vorsätzlich oder fahrlässig, an den alten Antiliberalismus an: Wahrheit, Klarheit, Ernsthaftigkeit und Problemlösung seien mit den bisherigen umständlichen Regeln, seien in einer konsensorientierten, tarifvertraglich organisierten Gesellschaft, im allzu sozialen Rechtsstaat nicht mehr zu haben. In diesem Klima wurde dann, im März 2003, die Agenda 2010 geboren, das Reformprojekt der Regierung Schröder.

Mit der defätistischen Beschreibung der Situation des Landes, mit der Katastrophalisierung Deutschlands, wurde eine Stimmung erzeugt, in der einige Zeit lang schon beinahe egal war, was geschieht, wenn nur etwas geschieht. Die veröffentlichte Meinung im Land war so, daß kaum mehr jemand fragte, was in den Reformen drin ist; es genügte, wenn Reform draufstand. Reform wur-

105

de ein Wert für sich, Reform stand für Tat, und Tat stand für Lösung. Errungenschaften, die gestern noch behütet wurden wie der Nibelungenschatz, sollten jetzt in die Spree befördert werden. Das Land war auf der Flucht, auf der Flucht vor der Krise, und es war bereit, fast alles wegzuwerfen, was beim Laufen hindert: den sozialen Frieden, das Verhältniswahlrecht, den gewohnten Gesetzgebungsgang. Es gab eine trotzige Bereitschaft, auch all das zu opfern, worin die Stärke der Bundesrepublik seit 1949 bestanden hatte, und wer nicht zu opfern bereit war, machte sich verdächtig.

Das politische Handeln in Deutschland erinnerte an heidnische Riten beim Ausbleiben des lebenspendenden Regens. Und so wurde auch die Reformagenda 2010 von Bundeskanzler Schröder beschworen wie ein Zauber: Wer nicht fest an den Erfolg der Agenda glaubt, wer also nicht glaubt, daß Einschnitte bei den Sozialleistungen Arbeitsplätze schaffen, und diesen Unglauben auch noch laut äußert, der frevelt – weil er damit die magische Kraft des Tuns beeinträchtigt.

Einige Jahre lang ging es in der deutschen Politik und in der deutschen Wirtschaft, wenn man es eher von einer heiteren Seite zu sehen versucht, so zu wie in der »handlungsstarken Geschichte« von Heinrich Böll. Die spielt in der Fabrik eines gewissen Alfred Wunsiedel und beginnt so:

»Zu den merkwürdigsten Abschnitten meines Lebens gehört der, den ich als Angestellter in Alfred Wunsiedels Fabrik zubrachte ... Ich hatte mich der Arbeitsvermittlung anvertraut und wurde mit sieben Leidensgenossen in Wunsiedels Fabrik geschickt, wo wir einer Eignungsprüfung unterzogen werden sollten. Ich wurde als erster in den Prüfungsraum geführt ... Erste Frage: ›Halten Sie es für richtig, daß der Mensch nur zwei Arme, zwei Beine, Augen und Ohren hat?‹ Hier erntete ich erstmals die Früchte meiner mir eigenen Nachdenklichkeit, und ich schrieb ohne zu zögern hin: ›Selbst vier Arme, Beine und Ohren würden meinem Tatendrang nicht genügen. Die Ausstattung des Menschen ist kümmerlich.‹ Zweite Frage: ›Wie viele Telefone können Sie gleichzeitig bedienen?‹ Auch hier war die Antwort so leicht wie die Lösung einer Gleichung ersten Grades: ›Wenn es nur sieben Telefone sind‹, schrieb ich, ›werde ich ungeduldig, erst bei neun fühle ich mich vollkommen ausgelastet.‹ Dritte Frage: ›Was machen Sie nach Feierabend?‹ Meine Antwort: ›Ich kenne das Wort Feierabend nicht mehr – an meinem 15. Lebensjahr strich ich es aus meinem Vokabular, denn am Anfang war die Tat.‹ Ich bekam die Stelle.«

Es könnte sich um die Beschreibung einer Prüfung bei einer Sozial- und Arbeitsagentur im Jahr 2010 handeln. Heinrich Böll hat die Satire vor Jahrzehnten geschrieben, und er beschreibt den Fabrikchef Alfred Wunsiedel so, daß man ihn sich geradezu als Personifikation der Großmanager und Wirtschaftsminister der vergangenen fünfzehn Jahre vorstellen kann:

»Wenn er sein Büro betrat, rief er seiner Sekretärin als Gruß zu: ›Es muß etwas geschehen!‹ Und diese rief: ›Es wird etwas geschehen!‹ Wunsiedel ging dann von Abteilung zu Abteilung, rief sein: ›Es muß etwas geschehen!‹«

Auch der Erzähler der Geschichte, der neue Angestellte in Wunsiedels Fabrik, agiert wie sein Chef. Er benimmt sich so, wie die Medienöffentlichkeit es lange Zeit tat, wenn es um den Umbau des Wirtschafts- und Sozialstaats geht, und wofür der damalige Bundespräsident Roman Herzog mit seiner Ruck-Rede im Berliner Hotel Adlon 1997 den Auftakt gegeben hatte: Er ruft in alle von ihm bedienten dreizehn Telefone von früh bis spät die Sätze: »Handeln Sie sofort!« Oder: »Tun Sie etwas – Es muß etwas geschehen – Es ist etwas geschehen – Es sollte etwas geschehen.«

Mittlerweile weiß man, was geschehen und was

nicht geschehen ist. Es sind, mit dem Versprechen, daß so Arbeitsplätze geschaffen würden, soziale Leistungen zurückgefahren und Steuern gesenkt worden. Arbeitsplätze sind nicht entstanden. Das Reden davon, daß man nur ausreichend flexibel sein müsse, dann sei Arbeitslosigkeit kein Problem mehr, ist ziemlich verstummt. Arbeitslosigkeit galt zumal dem Wirtschaftsjournalismus als eher proletarisches Problem, als eines, das wohl eine gewisse Beschränktheit der davon Betroffenen zeige: mit Anpassungsfähigkeit, Flexibilität, Innovationskraft und wie dergleichen Formeln mehr lauten, könne, so hieß es und so heißt es gelegentlich immer noch, das Problem ganz gut überwunden werden. Diese Betrachtungsweise änderte sich dann, wenn die eigene Branche und die eigene Redaktion von Entlassungen betroffen wurde.

So kam es, daß die großen deutschen Parteien ein Viertel der Gesellschaft abgeschrieben haben und daß sie dabei sind, ein weiteres Viertel der Gesellschaft abzuschreiben; das zeigt sich bei der Zunahme von Wahlenthaltungen. Die politische Kommunikation konzentriert sich auf den wählenden Rest, Wahlabende sind Resteabende geworden, die Parlamente Resteparlamente. Hartz IV und Arbeitslosengeld 2 sind Chiffren für diese Entwicklung. Es handelt sich um Gesetze, in denen festgelegt wird, daß Arbeitslose meist schon nach einem Jahr in die Sozialhilfe fallen. Das ist hart.

Noch härter sind die Details: Arbeitslose müssen ihr kleines Vermögen, so vorhanden, verscherbeln, bevor sie in den Genuß staatlicher Hilfe kommen. Die Anrechnungsvorschriften, die für Sozialhilfe-empfänger gelten, sind auf die Arbeitslosen erstreckt worden – die Leute also, die oft jahrzehntelang gearbeitet und Beiträge zur Arbeitslosenversicherung bezahlt haben. Der Sozialstaat kassiert privates Kleinvermögen von anständigen Leuten, die nichts dafür können, daß es kaum Arbeit gibt, die auch nicht schuld daran sind, daß der Arbeitsmarkt Fünfzigjährige wie Aussätzige behandelt.

Die politische Mißachtung der Dauerfrustrierten, die Geringschätzung der Reformverlierer und die politische Ausblendung der relativ Armen zeigt sich zum Beispiel darin, daß sich an Wahlabenden einfach diejenige Partei zum Sieger erklärt, die weniger Stimmen verliert als die andere. Um dies zu kaschieren, hat es sich die Politik angewöhnt, von Wahl zu Wahl nur noch die Prozentsätze zu vergleichen, nicht aber die tatsächlichen Stimmenzahlen. Es ist dies ein trügerischer und trauriger Vergleich, weil immer weniger Menschen zur Wahl gehen. Die großen Parteien verhalten sich zu dieser Malaise wie der Autofahrer, der erklärt, ihm seien steigende Benzinpreise egal, er tanke eh immer nur für dreißig Euro.

Würden die Nichtwähler wie eine Fraktion gerechnet und die Zahl der zu besetzenden Sitze entsprechend sinken, dann wären die Parlamente erheblich kleiner. Es wäre auch einer Überlegung wert, ob die Zahl der zu besetzenden Parlamentssitze nicht in eine Relation zur Wahlbeteiligung gesetzt werden sollte, etwa so: Fällt die Wahlbeteiligung unter 60 Prozent, wird die Zahl der zu vergebenden Mandate um 20 Prozent gesenkt. Die Parteien könnten sich dann ihre Dickfelligkeit gegenüber sinkender Wahlbeteiligung nicht mehr leisten. Sie würden nicht erst aufgeschreckt, wenn frustrierte Wahlenthaltung radikal umschlägt, wie dies im Osten Deutschlands geschehen ist – etwa bei den Landtagswahlen im Jahr 2004, als in Sachsen die NPD mit 9,2 Prozent der Stimmen erstmals und in Brandenburg die DVU mit 6,2 Prozent zum zweiten Mal ins Landesparlament einzog.

Kapitel 5:

Kirche des Kapitals

*Die Verdrängung des Gebots der
sozialen Gerechtigkeit*

Zum Unglück hat sich mit der Industrie ein System verbunden, das Profit als den eigentlichen Motor des gesellschaftlichen Fortschritts betrachtet, den Wettbewerb als das oberste Gesetz der Wirtschaft, Eigentum an den Produktionsgütern als absolutes Recht, ohne Schranken, ohne entsprechende Verpflichtung der Gesellschaft gegenüber.« Das ist nicht der Kommentar der PDS zu den Megafusionen der vergangenen Monate. Das ist auch kein Zitat aus den Schriften von Karl Marx. Und das stammt auch nicht aus einem Flugblatt, das vor den Toren von Mannes- oder Holzmann verteilt wurde. Der Satz ist fast vierzig Jahre alt. Er stammt von Papst Paul VI., aus seiner Enzyklika über den Fortschritt der Völker, *Populorum progressio*. Diese Schrift hat prophetische Kraft, weil sie die Globalisierung schon ahnt, und sie ist zugleich von einer anrührenden Hilflosigkeit, weil sie mit dem Appell endet: »Noch einmal sei feierlich daran erinnert, daß Wirtschaft im Dienst des Menschen steht.«

Wer gehässig sein will, der mag sagen: Das ist das Lamento eines Vertreters der alten Religion gegen die neue, die Klage eines Konkurrenten also, der spürt, was da an Gefahr für ihn heranwächst – ein neuer Glaube an neue höhere Mächte, die jetzt »freier Markt« heißen und »Gewinnmaximierung«, getragen von der Religionsgemeinschaft der Ökonomen, deren Mitglieder sich »Shareholder« nennen und deren Credo mit dem Satz beginnt »Ich glaube an die Kräfte des Marktes, die alles wunderbar regieren« und mit dem Bekenntnis zum ewigen Wachstum endet.

Der moderne Kapitalismus ist eine säkularisierte Heilslehre. An die Stelle der Verheißung jenseitiger Erlösung, wie sie das Christentum anbietet, tritt die Verheißung der diesseitigen Erlösung durch Reichtum. Der »Stahlkönig« und spätere Philanthrop Andrew Carnegie, der in seinen Aufstiegsjahren einer der berüchtigtsten »robber barons« unter den amerikanischen Tycoons des neunzehnten Jahrhunderts war, verfaßte unter dem Titel *Das Evangelium des Reichtums* eine Schrift, in der er die Konzentration großer Vermögen in den Händen der Tüchtigen als Segen für die Menschheit pries. Dergleichen findet sich auch bei Friedrich August von Hayek, einem der geistigen Väter des Neoliberalismus, wieder – die Reichen als Schrittmacher des gesellschaftlichen Fortschritts.

Wenn sich Hayek gegen die Besteuerung der Reichen und im besonderen gegen die Steuerprogression wendet, so kann man ähnliches (darauf hat der Sozial- und Wirtschaftshistoriker Karl Bachinger hingewiesen) schon beim Sozialdarwinisten Herbert Spencer (»survival of the fittest«) im Jahr 1896 nachlesen, der Sozialpolitik mit dem Argument ablehnte, sie würde den »Rechtschaffenen und Unabhängigen« mit »Extralasten überbürden« und eine Besteuerung der Leistungsträger würde deren Leistungsfähigkeit schwächen. Bachinger stellt treffend fest, daß dieses Argument heute in fast jeder neoliberalen und neokonservativen Kritik am Sozial- und Wohlfahrtsstaat wieder auftaucht, und faßt seine Studien über die Legitimation von Reichtum im neuzeitlichen Kapitalismus pointiert zusammen: Bei der Lektüre von neoliberalen Texten »wachsen einem sehr lange, sehr graue Bärte entgegen«. Er analysiert freilich auch mit Recht, daß die alten Glaubenssätze und die Apologetik des Kapitalismus heute eine innergesellschaftliche Breiten- wie auch Tiefenwirkung erreichen, »wie sie nie zuvor in der Geschichte der Fall war«.

Der Papst, der die herrschende neoliberale Ökonomie scharf kritisiert, ist kein Ökonom, aber er hat, und das ist eine Kompetenz eigener Art, reiche

Erfahrungen auf dem Gebiet des Totalitarismus: Aus der Geschichte seiner Kirche weiß er ganz gut, wie menschenverachtend Religionen sein können, wie sie, wenn es das System zu verteidigen gilt, sich nicht scheuen, Menschen zu opfern. Der Vulgärliberalismus hat alle Züge einer primitiven Glaubenslehre – weil er die Welt mit einem simplen Rezept, der Entfesselung der Marktkräfte, kurieren will. Die Simplizität der Rezeptur hat der Vulgärliberalismus mit dem Vulgärmarxismus gemein, und daß er sich so vulgär gebärdet, ist nur deshalb möglich, weil dieser das Zeitliche gesegnet hat.

Als der Vorstandsvorsitzende des französischen Elf-Konzerns, Philippe Jaffré, seine ausländischen Aktionäre am 11. August 1999 zu einem Treffen im engen Kreis nach London einlud, warb er um deren Gunst mit den Worten: »Seit ich diesen Posten bekleide, habe ich 15 Prozent der französischen Arbeitsplätze in unserer Unternehmensgruppe abgebaut. Ich hatte da zwar einige Probleme mit den Gewerkschaften, aber ich habe es getan. Und ich werde damit weitermachen.« Viele haben damit weitergemacht. Noch viel mehr, noch viel schärfer. 15 Prozent – das gilt den Shareholdern als Einstiegsdroge. Sie sind in der Lage, den gesellschaftlichen Reichtum wie Rahm von der Milch abzuschöpfen, ohne darauf zu achten, unter welchen Bedingungen die Milch produziert wird. Sie gehen davon aus: Wenn eine Kuh verendet, dann gibt es noch viele andere Kühe.

Religion stützt sich, hat der Philosoph Bertrand Russell einmal gesagt, vor allem und hauptsächlich auf Angst. Angst gibt es derzeit genug. Die Menschen fühlen sich wie Waren behandelt; sie empören sich in ihrer Hilflosigkeit dagegen, daß die Börse mit Kurssprüngen reagiert, wenn, zum Beispiel, Renault oder Opel Fabriken schließen; sie erleben das internationale Wirtschaftssystem als zynischen Mechanismus, der sie zu Verlierern macht.

Es ist wie eine neue Pest: Man weiß nicht recht, woher sie kommt, man weiß nicht, was dagegen zu tun ist, man weiß nur, daß man ihr Opfer ist oder werden kann. Man erlebt die allgemeine Hilflosigkeit der Politik – und jubelt deshalb wie befreit (aber der Jubel hält nicht lange an), wenn es ihr vermeintlich einmal gelingt, in die Maschinerie einzugreifen. So auch im Fall der Philipp Holzmann AG, die Bundeskanzler Gerhard Schröder im Jahr 1999 kurzzeitig und im Interesse von sechzigtausend Arbeitsplätzen (Zulieferer und Subunternehmer eingeschlossen) mittels einer Staatsbürgschaft vor dem Bankrott rettete; letztendlich half es nichts, der Bankrott war nur aufgeschoben, nicht aufgehoben. Es handelte sich um ein Placebo – als Schutz vor Arbeitslosigkeit kaum ein besseres Mittel als das, mit dem sich vor sechshundertfünfzig Jahren die Pestärzte gegen Ansteckung geschützt haben: Sie legten stark parfümierte Tücher in die Schnabelmasken, die sie sich vors Gesicht banden.

Vor hundertfünfzig Jahren, als Marx und Engels das *Manifest* schrieben, war klar, wer »Ausbeuter« und wer »Ausgebeuteter« war. Es bestand ein persönliches Verhältnis zwischen beiden: Wenn einer »seine« Leute ausbeutete, dann hatte er auch die Folgen vor Augen. Er mußte sich das Elend anschauen. Das ist heute anders (nicht nur, weil das Elend nicht mehr so elendig ausschaut wie damals). Heute ist es so: Die Folgen der Shareholder-Gier rücken weit weg, der Aktionär, den nichts anderes interessiert als die schnelle Mark, sieht die Auswirkungen seines Tuns nicht mehr. Die Verantwortung zerstiebt in Zehntausende Partikel, genannt Aktien, und wird individuell nicht mehr spürbar; Verantwortung hat zudem eine anonyme Adresse erhalten in Großbanken und Rentenfonds. Das hat dazu geführt, daß die Shareholder an der langfristigen Rentabilität eines Unternehmens wenig Interesse haben, weil sie in ihm nur eine Geld-Schnelldruckmaschine sehen und sich daher auch der Erkenntnis verweigern, daß ein Unternehmen, das mit einer lernfähigen, gut ausgebildeten Mannschaft durch eine Krise steuert, langfristig wesentlich höhere (und dabei sozialverträgliche) Gewinne erzielen kann.

Die Folgen seiner Gier sieht der Shareholder nicht mehr, die schädlichen Folgen rücken weit weg. Es ist beinahe so wie bei den modernen Waffensystemen: Früher rammte der Soldat dem Gegenüber das Bajonett in den Bauch, trat er dem anderen Aug in Aug gegenüber. Heute ist der Gegner kein Gegenüber mehr: Der Bomberpilot fliegt so hoch oben, daß ihm nur noch der Computer zeigt, wohin er bombt. Zwischen Täter und Opfer tritt also immer größere Distanz – und die Tat des Täters wird, ihrem Erscheinungsbild nach, immer harmloser: Da sitzt einer an einem Pult und drückt auf einen Knopf. Bei einer feindlichen Übernahme sagen die Aktionäre nur einfach »Ja« zu einem für sie schönen Angebot. Und wenn schneller Profit winkt, stimmt selbst der gern zu, der sonst durchaus bereit ist, über den Zynismus des Marktes zu klagen.

Das alles sind, so heißt es, Erscheinungsformen und Folgen der Globalisierung; dagegen, so heißt es, kann man nichts machen. Globalisierung sei nun einmal so etwas wie ein Naturgesetz. Damit soll ausgesagt werden, daß Gesetze, daß internationale Regeln von vornherein sinnlos seien: Die Natur lasse sich nicht mit Regeln bändigen. Nun sagt freilich eine Erfahrung, die man getrost Menschheitserfahrung nennen kann, daß schrankenlose Freiheit sich selbst zerstört – das gilt auch für die Marktfreiheit. Wer sie postuliert, der muß, als

121

Manager, Unternehmer, Banker oder Shareholder, wissen, daß er in einer Gemeinschaft lebt, deren Zusammenhalt er nicht gefährden darf, ohne die Basis zu zerstören, auf der er arbeitet. Auch die globalisierte Wirtschaft basiert auf staatlicher Gemeinschaft – und es stimmt deshalb nicht, daß der Staat sich immer noch leichter machen muß, damit die Wirtschaft mit ihren Gewichten wuchern kann. Wie es um die Gewichtsverteilung derzeit schon bestellt ist, zeigt ein Blick in die eher schäbige nächste Polizeistation und dann ein Blick in die Geschäftsräume der Bank an der Ecke.

Die internationale Staatengemeinschaft hat in der Vergangenheit Handelsschranken abgebaut und dem Freihandel die Türen geöffnet. Daraus entsteht eine Garantenpflicht – die Pflicht, schädliche Folgen abzuwenden, die Pflicht, Verkehrsregeln für den globalen Marktplatz zu finden. Die Welthandelsorganisation muß über die Errichtung eines Weltkartellamts reden und über die Beseitigung von Steuerparadiesen, dank deren sich die Finanzwelt an räuberische Prinzipien gewöhnt; auch darüber, wie soziale Mindeststandards gesichert werden können und wie es gelingen kann, durch einen Rechtsrahmen zu gewährleisten, daß globalisierte Wirtschaft nicht zugleich erntet und zerstört. Das liegt im Eigeninteresse der Glaubensgemeinschaft der Ökonomen: Religion überlebt nämlich nur mit einem Kern an Moralität – dazu gehört ein Recht ihrer Katechumenen auf soziale Gerechtigkeit.

Die Kraft der neuen Religion der Ökonomen zeigte sich in augenfälliger Weise, als im Jahr 1995 eine christliche Regierung – die CDU/CSU/FDP-Regierung von Bundeskanzler Helmut Kohl – den evangelischen Buß- und Bettag opferte: Zur Finanzierung der Pflegeversicherung wurde er den Arbeitgebern als Geschenk dargebracht. Dies hat dann freilich den Pflegenotstand nicht beseitigt, sondern nur neue Begehrlichkeiten geweckt. Wenn es nach dem Bundeswirtschaftsminister und den Verbandsfunktionären der Industrie ginge, würden auch von den übriggebliebenen Feiertagen noch etliche geopfert, um damit die deutsche Wirtschaft zu finanzieren, nach dem Motto: Himmelfahrt für den Aufschwung.

Christi Himmelfahrt ist bis heute Feiertag in allen deutschen Bundesländern. Es sind ohnehin nur relativ wenige Feiertage übriggeblieben; aus dem einstmals großen deutschen Festtagskalender ist in den vergangenen dreihundert Jahren unendlich viel herausgerissen worden. Mit den vielen Apostel-, Marien- und Heiligenfesten sind die Traditionen dieser Tage verschwunden, ist kulturelle Identität verlorengegangen. Die allgemeinen Feiertage wurden abgelöst vom individuellen Urlaubsanspruch, und je mehr individuelle Urlaubstage gesetzlich verankert wurden, um so mehr allgemeine Feiertage wurden entankert, das heißt, ihr Schutz als staatlicher Feiertag wurde ihnen genommen. Neujahr, Karfreitag, Oster- und Pfingstmontag, Christi Himmelfahrt, die zwei Weihnachtstage, dazu zwei staatliche Feiertage, nämlich der 1. Mai und der Tag der Deutschen Einheit: Ist das zuviel?

Wirtschaftsfunktionäre rechnen vor, was das kostet (zumal »Brückentage« für den Urlaub genutzt werden) und wie das angeblich die Wirtschaft lähmt und würgt. Besonders glaubwürdig sind diese Rechnungen nicht; Bayern hat die meisten Feiertage in Deutschland, ist aber bekanntlich nicht Schlußlicht in der wirtschaftlichen Entwicklung. Die Klagen der Funktionäre sind alt. Seitdem es Arbeitgeber und Arbeitnehmer gibt, gibt es auch, angeblich, zu viele freie Tage. Schon vor zweihundert Jahren, als die Arbeitszeit von Tagesanbruch bis Sonnenuntergang ging, wurden die Politiker nicht müde, den angeblichen Hang der gewerblichen Arbeiter zum Nichtstun zu bekämpfen, Feiertage einzuschränken und eine strengere Arbeitsdisziplin zu verlangen. Neu ist allerdings, daß man solche Stupiditäten als Rezepte zur Gesundung der Wirtschaft verkaufen kann.

Fest- und Feiertage sind die wenigen, feinen Spuren des Heiligen in der Moderne. Auch derjenige, der damit wenig anfangen kann, braucht sie: Fest- und Feiertage geben dem Weiterfließen der

Zeit Rhythmus und Orientierung. Orientierung kann auch die Ökonomie brauchen. Die Vehemenz, mit der die katholischen Bischöfe ihre Fest- und Feiertage gegen den Zugriff der Wirtschaft verteidigen, weil sie wissen, daß es jetzt um katholische Substanz geht, hätte man sich freilich schon 1995 gewünscht, als der Buß- und Bettag abgeschafft wurde. Dann gäbe es womöglich diesen protestantischen Feiertag noch. Die Wirtschaft und ihre Manager, die ihn vertilgt haben, wären dieses Tages besonders bedürftig: Buße bedeutet nämlich Umkehr, also die kritische Überprüfung der Realitäten und die Bereitschaft, sie zu erneuern. Das freilich mutet die Wirtschaft exklusiv den Arbeitnehmern zu. Ist das gerecht?

Es gab eine Zeit, da trug die soziale Gerechtigkeit Strumpfhosen. Sie wohnte im Sherwood Forest in der Nähe von Nottingham und raubte reiche weltliche und geistliche Herrn aus, um deren Überfluß unter den Armen zu verteilen. Mit der Hälfte des Geldes, das Robin Hood den französischen Seeräubern abnahm, baute er ein Armenhaus. Und so ähnlich taten es Karl Moor, der Schinderhannes und der Räuber Kneißl. Es dauerte dann ein paar Jahrhunderte, bis die soziale Gerechtigkeit aus den Wäldern, den unzugänglichen Gebirgen und Wüsteneien herauskam und sich, unter anderem, ins Grundgesetz hineinschlich.

Keiner weiß genau, wie sie dort hineinkam. Die

125

»Motive«, die Bücher also, die über den Entstehungsprozeß der Verfassung berichten, wissen davon nicht allzuviel: Der SPD-Parlamentarier Carlo Schmidt hat im Grundsatzausschuß des Parlamentarischen Rates, als es um den Entwurf einer Bestimmung ging, welche die wesentlichen Eigenschaften des Staates zum Ausdruck bringen sollte, die Formulierung »sozialer Rechtsstaat« und »soziale Republik« vorgeschlagen. Daraus wurde dann auf Vorschlag von Theodor Heuss in der zweiten Lesung des Hauptausschusses vom 15. Dezember 1948 die Fassung, die als Artikel 20 Absatz 1 Grundgesetz geworden ist. Dort ist jetzt die soziale Gerechtigkeit, zum Segen des Landes, zu Hause: »Die Bundesrepublik Deutschland ist ein demokratischer und sozialer Bundesstaat.« Und im Artikel 28 Absatz 1 hat sie einen Zweitwohnsitz. Dort heißt es: »Die verfassungsmäßige Ordnung in den Ländern muß den Grundsätzen des ... sozialen Rechtsstaates im Sinne dieses Grundgesetzes entsprechen.«

Mittlerweile hat die soziale Gerechtigkeit im großen Haus des Gesetzes auch eine abgeschlossene Wohnung für sich. Paragraph 1 Absatz 1 des Sozialgesetzbuches I lautet nämlich: »Das Recht des Sozialgesetzbuchs soll zur Verwirklichung sozialer Gerechtigkeit und sozialer Sicherheit Sozialleistungen ... gestalten.« Das heißt: Sozialrecht steht im Dienst sozialer Gerechtigkeit.

Daß der Gebrauch des Eigentums zugleich dem Wohl der Allgemeinheit dienen soll, war früher ein räuberisch-edles Motto. Heute schmückt es das Grundgesetz. Früher, als sich die soziale Gerechtigkeit noch in den Wäldern verstecken mußte, warteten auf sie Sheriff, Polizei und Gefängnis, um sie einzusperren und zu exekutieren. Heute ist das Bundesverfassungsgericht da, um sie zu pflegen und sie gegen die Kräfte zu stärken, die sie wieder in die Wälder vertreiben wollen, weil sie außerhalb davon ein störender »Standortnachteil« sei. Die soziale Gerechtigkeit ist also nobilitiert, sie ist demokratisch geadelt, sie ist nicht mehr gesetzlos, sondern Gesetz, nicht mehr »outlaw«, sondern »law«.

Eines aber ist sie nach wie vor: Sie ist schwer greifbar, und sie läßt sich nicht so einfach in die Pflicht nehmen. Der Räuber Kneißl seinerzeit hätte dem armen Bauern etwas gepfiffen, der von ihm verlangt hätte, einem ganz bestimmten reichen Pfaffen bei einer ganz bestimmten Gelegenheit ein ganz bestimmtes Goldstück abzunehmen. Es sei immer noch, so hätte der Kneißl gesagt, »seine Sach'«, was er sich wann und bei wem hole. Und so ist das auch geblieben. Welche Maßnahme sozialstaatlich geboten ist, bestimmt der Staat: Der Gesetzgeber legt das im Allgemeinen fest und die beiden anderen Gewalten interpretieren es im Einzelfall.

Es gibt also keinen individuellen Anspruch auf soziale Gerechtigkeit. Sie sei, so sagen die Juristen, ein objektives Prinzip, kein subjektives Recht. Deshalb läßt sich weder die Wiedereinführung einer Vermögensteuer noch die Erhöhung der Erbschaftsteuer einklagen; und einem Sozialhilfebezieher wird es auch nicht gelingen, sich gegen die gesetzliche Kürzung der Leistungen dadurch zu wehren, daß er sich auf die soziale Gerechtigkeit beruft.

Was hat es also auf sich mit einem Recht auf soziale Gerechtigkeit, auf das man kein persönliches, einklagbares Anrecht hat? Es verhält sich damit so ähnlich wie mit dem Recht auf Arbeit, das in einigen Landesverfassungen niedergelegt ist. Und mit diesem Recht auf Arbeit wiederum verhält es sich so ähnlich wie mit dem Schutz von Ehe und Familie, der im Grundgesetz garantiert wird. Diese Garantie bedeutet nicht, daß einem der Staat auf Wunsch Ehepartner und Familie besorgt; sie bedeutet aber, daß er für Bedingungen sorgt, in denen Ehe und Familie gedeihen können. So ist es auch mit dem Recht auf Arbeit. Der Staat hat, »im Rahmen seiner Kräfte«, wie es zum Beispiel die brandenburgische Verfassung formuliert, für soziale Sicherung, für angemessene Wohnung und Arbeit zu sorgen. Man kann milde darüber lächeln, weil sich von vielversprechenden Wörtern niemand etwas kaufen kann und die Finanzlage des Landes noch nie sehr vielversprechend war. Und trotzdem zeigen diese Sätze, daß sich der Staat selbst in die Pflicht nehmen will, sie zeigen, wo der Staat Schwerpunkte setzt – und daß er nicht einfach darauf vertraut, daß der Markt schon alles richtet. Solche Sätze formulieren Verantwortungsbereitschaft. Und sie können dem Staat den Fluchtweg versperren, wenn er seiner Verantwortung entfliehen will. Diese Sperren sollten hoch und massiv sein – um eine Flucht ins neunzehnte Jahrhundert zu verhindern.

Die Flucht des Staates aus der sozialen Verantwortung wird neuerdings als ökonomische Offensive deklariert. Begonnen hat damit die FDP im Jahr 1996, als der damalige Generalsekretär und heutige Parteivorsitzende Guido Westerwelle bei der Präsentation des marktradikalen »Karlsruher Entwurfs – für eine liberale Bürgergesellschaft«, der ein Jahr später in Wiesbaden als Parteiprogramm verabschiedet wurde, die Wörter »Gemeinwohl« und »Sozialstaat« zu Pfui-Wörtern erklärte und mehr soziale Kälte des Staates als Rezept zur Gesundung von Volkswirtschaft und Gemeinwesen pries. Friedrich Naumann, Ahnherr der FDP und Namensgeber ihrer Parteistiftung, der für die Gleichberechtigung von Arbeit und Kapital geworben hat, wäre bei diesen Veranstaltungen wohl von der Bühne gepfiffen worden.

Derartigen neoliberalen Programmen geht es um die Entverantwortlichung des Staates. Zur Bewäl-

129

tigung der Zukunft werden Anleihen im neunzehnten Jahrhundert genommen. Aus ganz Deutschland soll ein Krickerode werden.

Krickerode: Das ist der Industriestandort, der neue Markt in einer Erzählung des Dichters Wilhelm Raabe aus dem Jahr 1884, und in dieser Geschichte kommt in Gestalt des Rechtsanwalts Doktor Riechei auch der Typus des Politikers Westerwelle vor. Sie handelt von einer alten, durch ihr Gasthaus weithin bekannten Mühle – Pfisters Mühle, so auch der Titel der Geschichte. Flußaufwärts, in Krickerode, wird eine Zuckerfabrik gebaut, die das Wasser verschmutzt und die Fischer vergiftet und so die Existenz von Mühle und Gasthaus zerstört. Der alte Pfister nimmt sich den Advokaten Doktor Riechei; er gewinnt den Prozeß, ohne damit aber seine Mühle retten zu können. Der Anwalt hat denn auch kein Verständnis dafür, warum der alte Pfister sich nicht einfach den Gesetzen des neuen Marktes unterwirft und sich nimmt, was dort zu holen ist. Er schaut Pfister höchst verwundert an und fragt ihn tadelnd: »Um Gottes willen! Weshalb haben Sie Krickerode eigentlich nicht mit gegründet?«

Die Liberalen, die den neuen Markt verehren, heißen heute nicht einfach Liberale, sondern Neoliberale. Aber die Prinzipien, denen sie folgen, sind die von Krickerode geblieben. Sie beginnen damit, daß Leistung sich lohnen müsse, und sie laufen hinaus auf den Satz, daß jeder sich selbst der Nächste sei. Die Gegner der sozialen Gerechtigkeit sehen die Zukunft in Zuständen, wie sie vor über hundert Jahren der Paragraph 903 des Bürgerlichen Gesetzbuches formuliert hat: »Der Eigentümer einer Sache kann ... mit der Sache nach Belieben verfahren.« So war das einmal. Und dahinter steckt, wie das der Historiker Thomas Nipperdey einmal für den Wirtschaftsliberalismus der Mitte des neunzehnten Jahrhunderts formuliert hat, »der pausbäckige Glaube an Fortschritt und Modernität, an die Zukunft, an die Einheit von Freiheit und Glück«.

Hundert Jahre Rechtsgeschichte haben freilich dazu geführt, daß dieser Satz nicht mehr so gilt, wie er dasteht. Der Gesetzgeber hat lernen müssen, daß es unzuträglich ist, wenn ein Eigentümer mit seinen Häusern oder seinem Unternehmen nach Belieben verfährt. Das unumschränkte Herrschaftsrecht des Eigentümers und die völlige Vertragsfreiheit, das freie Spiel der Kräfte, produzieren unannehmbare Ergebnisse.

Völlige Vertragsfreiheit heißt: Die Vertragsparteien können ihre Beziehungen zueinander beliebig gestalten. Der Beliebigkeit müssen aber Grenzen gesetzt werden, wenn bei bestimmten Vertragsverhältnissen regelmäßig einer klar der Stärkere und der andere klar der Schwächere ist. Sonst entwickelt sich vor allem im Eigentums-,

131

Arbeits-, Boden- und Mietrecht die tatsächliche Macht des wirtschaftlich Stärkeren zum Recht des Stärkeren. Deshalb mußte der Gesetzgeber zum Beispiel in den sensiblen Bereichen Arbeits- und Mietrecht vielfach regulierend eingreifen, um soziale Katastrophen zu verhindern. Gleichwohl gilt seit einiger Zeit die Rückkehr zu möglichst weitreichender Vertragsfreiheit wieder als Rezept zur Behebung wirtschaftlicher Schwierigkeiten. Wer dann widerspricht und auf das Grundgesetz und die Sozialbindung des Eigentums verweist, der wird bisweilen fast so angeschaut wie vor fünfundzwanzig Jahren einer, der in der DKP war und Lehrer werden wollte.

Zurück ins neunzehnte Jahrhundert? Als das Bürgerliche Gesetzbuch 1896 verabschiedet wurde und 1900 in Kraft trat, war das Wort »sozial« für die damals herrschende Politik und für die damals herrschende Meinung in der Rechtswissenschaft ein Schimpfwort. Das Bürgerliche Recht sollte »abstrakt« sein, und das bedeutete auch, daß es die sozialen Probleme nicht zur Kenntnis nahm. Darauf waren seine Schöpfer stolz, weil sie ein vermeintlich unpolitisches Recht schaffen wollten. Sie postulierten die ungehemmte Vertragsfreiheit. Indes:

»Schrankenlose Vertragsfreiheit zerstört sich selbst. Eine furchtbare Waffe in der Hand des Starken, ein stumpfes Schwert in der Hand

132

des Schwachen, wird sie zum Mittel der Unterdrückung des einen durch den anderen, der schonungslosen Ausbeutung geistiger und wirtschaftlicher Übermacht. Das Gesetz, welches mit rücksichtslosem Formalismus aus der freien rechtsgeschäftlichen Bewegung die gewollten oder als gewollt anzunehmenden Folgen entspringen läßt, bringt unter dem Schein einer Friedensordnung das bellum omnium contra omnes [den Krieg aller gegen alle] in legale Formen. Mehr als je hat das Privatrecht den Beruf, den Schwachen gegen den Starken, das Wohl der Gesamtheit gegen die Selbstsucht des einzelnen zu schützen.«

Diese Sätze stehen nicht in einer Gewerkschaftsbroschüre, sondern in einem Vortrag des Rechtsgelehrten Otto von Gierke aus dem Jahr 1889 über »die soziale Aufgabe des Privatrechts«. Sie haben damals wenig geholfen. Das Bürgerliche Gesetzbuch blieb für die sozialen Probleme blind. Es war ein aalglattes und eiskaltes Gesetz. Es erlaubte den Armen und den Reichen gleichermaßen, unter den Brücken zu schlafen. Das ist die Freiheitsidee der Zyniker.

Als freilich im Ersten Weltkrieg der Wohnungsbau stagnierte und Wohnungen knapp wurden, da begann der Gesetzgeber langsam zu verstehen, daß es mit der Vertragsfreiheit der Vermieter seine

Grenzen haben mußte: Er erfand die Preisregulierung, den Kündigungsschutz und die Wohnraumbewirtschaftung. An die Stelle des freien Spiels der Kräfte trat ein Gemisch von Individualfreiheit, Sozialstaat und Krisenbewältigung. In der Weimarer Zeit entstand das Arbeitsrecht – es ist nichts anderes als ein detailliertes Instrumentarium zur Einschränkung der hemmungslosen Vertragsfreiheit des Bürgerlichen Gesetzbuchs im Bereich des sogenannten Dienstvertrages. Im Lauf der Jahrzehnte, zuletzt während der sozialliberalen Koalition, entwickelte sich ein ziseliertes Recht zum Schutz der Mieter. Der Gesetzgeber präzisierte so die im Grundgesetz vorgeschriebene Sozialbindung des Eigentums; sie lastet wie eine Hypothek auf dem Haus- und Wohnungseigentum. Das weiß aber jeder, der eine Wohnung als Wirtschaftsgut nutzt, und er kann damit kalkulieren.

Ähnlich bei den Arbeitsverhältnissen: Wenn der Unternehmer und der einzelne Arbeiter verhandeln – dann ist man bei den freien Lohnarbeitsverhältnissen des neunzehnten Jahrhunderts. Damals mußten die Arbeiter jeden Hungerlohn annehmen, um überhaupt überleben zu können. Das ist heute abgefangen – der Gesetzgeber hat in den Mechanismus von Angebot und Nachfrage eingegriffen, und so entstand im Lauf der Jahrzehnte das individuelle und kollektive Arbeitsrecht. Die Gewerkschaften halfen dem Gesetzgeber dabei auf die Sprünge.

So wurde allmählich die exklusive Vertragsmacht des Arbeitgebers von einem Regelsystem begrenzt; die Vertragsfreiheit wurde weitgehend aufgehoben, das Verhältnis zwischen Starken und Schwachen auf diese Weise ausgeglichen. Ludwig Erhard hat als CDU-Wirtschaftsminister in den Jahren des Aufbaus nach dem Zweiten Weltkrieg dieses Prinzip zur sozialen Marktwirtschaft vervollkommnet. Das Gesetz gegen Wettbewerbsbeschränkungen von 1957 verbot auch die Freiheit, Kartelle zu bilden und damit die Preise zu diktieren.

Und nun? Alles retour? Manche glauben, man brauche nur die Vertragsfreiheit wiederherzustellen und die Wirtschaft beginne sogleich, wie von einem Albtraum befreit, durchzuatmen. Doch dann begönne der Albtraum erst. Wenn Ungleichheit ein bestimmtes Maß übersteigt, geht sie über in Unfreiheit. Diese Gefahr ist noch größer als vor hundertfünfzig Jahren – und den Eintritt dieser Gefahr hat der Staat zu verhindern. Das Recht auf soziale Gerechtigkeit ist insofern ein Recht der Bürgerinnen und Bürger auf ein staatliches Agieren, das ein Übermaß an Ungleichheit mit geeigneten Mitteln abwehrt.

Die Gewinne der Deutschen Bank stiegen zwischen 1997 und 2001 um 474 Prozent, während gleichzeitig vierzehntausendfünfhundert Stellen abgebaut wurden. Im Jahr 2003 lag der Gewinn bei gut 1,3 Milliarden Euro; 2004 lag er mit 2,546

Milliarden Euro fast doppelt so hoch, die Rendite des Eigenkapitals wurde auf 17 Prozent gesteigert. Als Josef Ackermann, der Vorstandschef, am 3. Februar 2005 diese Zahlen präsentierte, gab er gleichzeitig einen Abbau von sechstausendvierhundert Arbeitsplätzen bekannt. »Die weitere Steigerung unserer Eigenkapitalrendite ist erforderlich, um spürbare Fortschritte bei unserer Marktkapitalisierung zu erreichen«, sagte er.

Das heißt: Er ordnet alles dem Ziel unter, den Aktienkurs weiter zu steigern. Nur so glaubt er die Deutsche Bank im globalen Wettbewerb stärken zu können und gegen Übernahmen gewappnet zu sein. Er strebt eine Eigenkapitalrendite von 25 Prozent für sein Institut an, zu erreichen über Kostensenkungen, am besten beim Personal. Den Aktionären gefielen die Ankündigungen: Der Kurs der Deutschen-Bank-Aktie legte noch am gleichen Tag kräftig zu.

Der Entlassungsmanager ähnelt dem Funktionärstypus, den man in der Vergangenheit oft als Juristen kannte. Der Ökonom hat bei der Interpretation der Wirklichkeit und der Exekution der daraus zu ziehenden Folgen den Juristen abgelöst. Beim Juristen ist es so: Er kann, geübt in der Formulierung von Normen, auch das Unrecht in die Sprache kalter Funktionalität gießen. Das Verschwinden der Subjektivität, so segensreich es in rechtsstaatlichen Verhältnissen ist, hat daher in

Zeiten der Repression schlimme, ja auch furchtbare Züge gewonnen. Das Unrecht trug dann, wie der Frankfurter Rechtshistoriker Michael Stolleis das formuliert hat, die Maske der Objektivität. Vorstandschefs, die Massenentlassungen ankündigen, können sich heute hinter der Globalisierung, hinter dem Shareholder-Value, hinter der Eigenkapitalrendite und der Abwehr feindlicher Übernahmen verstecken wie ehedem die Juristen hinter Schreibtisch und Vorschriften. Wir kennen eine Medizin ohne Menschlichkeit, wir kennen eine Justiz ohne Menschlichkeit. Wir lernen, daß es, inmitten einer demokratischen Gesellschaft, eine Wirtschaft ohne Menschlichkeit gibt.

Artikel 14 Absatz 2 des Grundgesetzes sagt: Eigentum verpflichtet – das bedeutet, ein Unternehmen nicht als bloße Geldmaschine zu betrachten, sondern auch als Gemeinschaft arbeitender Menschen. Die Gefahren der entfesselten Marktkräfte werden mitnichten durch ein neues Wertebewußtsein der Akteure am Markt ausgeglichen. Dies zu erwarten wäre naiv. Wenn das aber so ist, hat der Staat als Vertreter des Gemeinwohlinteresses die Aufgabe, den knappen Satz »Eigentum verpflichtet« zu konkretisieren – also, zum Beispiel, zu fragen, ob ein Aktien- und GmbH-Recht, das in völlig anderen Zeiten und unter anderen Bedingungen entstanden ist, nicht überarbeitet werden muß.

Es sind nicht nur die Regeln des Sozialstaats,

sondern auch die Regeln des Wirtschaftsrechts reformbedürftig. Man muß etwa die Frage stellen, ob die Rolle der Aktionäre und ihr schicksalsmächtiger Einfluß auf ein Unternehmen nicht viel zu dominant ist. Die Globalisierung legt also auch dem Staat Prüfungs- und Handlungspflichten auf. Solange er diesen Pflichten nicht nachkommt, sind staatliche Hilfen bei einer arbeitsplatzerhaltenden Sanierung eines insolventen Unternehmens als Ausgleich und Nothilfe zu betrachten – als Nothilfe nicht für eine verwirtschaftete Firma, sondern für deren Arbeitnehmer. Der Bundesverband der deutschen Industrie nennt solche Hilfe »tragisch«, weil sie nicht ins System passe. Wirklich tragisch wäre es aber, wenn das »System« wichtiger wäre als der Mensch.

Der Schweizer Philosoph und Publizist Arnold Künzli spricht von einem »schweren Geburtsfehler« der Demokratie:

»Sie bestimmt nur die staatliche, nicht auch die wirtschaftliche Ordnung. Demokratie impliziert Gleichheit der Rechte. Die Bürgerinnen und Bürger sind jedoch nur vor den staatlichen Gesetzen gleich, vor den ›Gesetzen‹ einer kapitalistischen Wirtschaftsordnung sind sie jedoch kraß ungleich. Hier entscheidet nicht die Mehrheit, sondern das Eigentum. Deshalb war unsere bürgerliche Demokratie von Anfang an nur eine halbe. Und diese Hälfte schrumpft zusehends, je mehr die undemokratische Wirtschaft die demokratische Politik dominiert.«[19]

Ungleichheit darf ein gewisses Maß nicht überschreiten. Recht auf soziale Gerechtigkeit bedeutet, dieses Maß festzustellen, diese Linie zu ziehen und dem Staat aufzugeben, Maßnahmen zu treffen, daß sie eingehalten wird. Es spricht gar nichts dagegen, dem Staat diese Pflichten kräftig zu verdeutlichen – so wie dies im Rahmen der Verfassungsreform nach der deutschen Einheit vergeblich versucht worden ist. Wer sich mit den Verfassungsreformern damals, 1990 bis 1993, einen billigen Spaß erlauben wollte, der spießte gern ihre Forderung nach »sozialen Grundrechten« auf. Ein Recht auf Arbeit schaffe doch, so hieß es dann witzelnd, keinen einzigen Arbeitsplatz. Und ein Recht auf Wohnung ändere nichts an der Wohnungsmisere. Das war richtig und lag trotzdem plump neben der Sache. Es geht und es ging bei der Forderung nach sozialen Grundrechten nicht darum, einklagbare Ansprüche auf eine Drei-Zimmer-Wohnung mit Balkon hervorzubringen, sondern die im Grundgesetz schon vorhandenen Staatszielbestimmungen zu verdeutlichen. Wozu verpflichtet Eigentum? Und was folgt aus dem Sozialstaatsprinzip des Artikels 20 Absatz 1? Es ist ja nicht soviel, was dort steht. Das Rechtsstaatsprinzip konnte, auch deshalb, weil es im Grundgesetz kräftig konturiert ist, gewaltige Kraft entfalten. Der Rechtsstaat hat einigermaßen Halt. Der Sozialstaat hat ihn nicht mehr. Es ist ein Gebot der sozialen Gerechtigkeit, ihm diesen Halt wiederzugeben.

Dieser Sozialstaat hat eine Erfolgsgeschichte hinter sich: Er hat zunächst dafür gesorgt, daß Kriegsinvalide und Flüchtlinge einigermaßen leben konnten. Dann hat er dafür gesorgt, daß auch ein Kind aus kärglichen Verhältnissen studieren konnte und heute Bundeskanzler sein kann. Der Sozialstaat war eine Art persönlicher Schutzengel für jeden einzelnen. Ihn heute verächtlich zu machen ist nicht Ausdruck von cooler Selbstverantwortung, sondern von Überheblichkeit und Dummheit. Ohne den Sozialstaat hätte es nicht nur einmal gekracht in dieser Republik; der Sozialstaat hat soziale Gegensätze entschärft. Ansonsten könnte man heute nicht auf immer noch ziemlich hohem Niveau darüber klagen, daß es diesem Land schon einmal besserging. Ohne diesen Sozialstaat hätte es wohl keine deutsche Einheit gegeben. Ohne die Einheit, die von den Sozialversicherungssystemen finanziert worden ist, wäre der Sozialstaat aber auch nicht so in Schwierigkeiten gekommen.

Bei der Reform des Sozialstaats geht es darum, diese Erfolgsgeschichte fortzusetzen – und seine

Essentialia zu bestimmen. Diese Essentialia sind Ausdruck der sozialen Gerechtigkeit. Der Sozialstaat ist Heimat. Beschimpfen kann ihn nur der, der keine Heimat braucht. Und den Abriß wird nur der verlangen, der in seiner eigenen Villa wohnt. Ob er sich dort noch sehr lange wohl fühlen würde, ist aber fraglich.

Das Grundgesetz hat wohlweislich in seinem Artikel 79 Absatz 3 dekretiert: »Eine Änderung dieses Grundgesetzes, durch welche ... die in den Artikeln 1 und 20 niedergelegten Grundsätze berührt werden, ist unzulässig.« Zu den in Artikel 20 niedergelegten Grundsätzen gehört das Sozialstaatsprinzip. Es zählt zu den zentralen staatlichen Ordnungsprinzipien, über die Artikel 20 Absatz 4 sagt: »Gegen jeden, der es unternimmt, diese Ordnung zu beseitigen, haben alle Deutschen das Recht zum Widerstand, wenn andere Abhilfe nicht möglich ist.« Wer also die soziale Verantwortung privatisieren und sie in die Wälder, zu Robin Hood und zum Räuber Kneißl, zurücktreiben will, der stößt auf diesen Widerstand des Grundgesetzes.

Kapitel 6:

Ausschluß, Ausschuß, neue Chancen

Der Ausbruch aus der Exklusionsgesellschaft

Im alten Christentum nannte man die Leute, die noch nicht getauft waren, aber sich taufen lassen wollten, Katechumenen. Sie durften vor ihrer Taufe nur am Wortgottesdienst teilnehmen, nicht an der gesamten Eucharistiefeier. In den alten Gotteshäusern, in denen das Kirchenschiff durch ein Eisengitter abgetrennt war, mußten sie hinter dem Eisengitter bleiben. Mit der Taufe waren sie dann voll dabei. In der Demokratie ist der Sozialstaat für diese Taufe zuständig, er muß dafür sorgen, daß die Menschen voll dabei sein können, daß sie Anteil haben an der Gemeinschaft und gleiche Lebenschancen. Der Staat muß Ausschluß beseitigen, er muß der Exklusion vorbeugen.

In der Massenarbeitslosigkeit zeigen sich die Probleme der Exklusion heute am zahlenmächtigsten. Die »Ich-AG« steht genau am Beginn der prekären Zone. Das unternehmerische Selbst soll Rettung bringen für all diejenigen, die in Gefahr

145

stehen, den Anschluß zu verlieren. Wenn das nicht funktioniert, drohen der Sturz in die Apathie und die Hinwendung zum Rechtsextremismus. Aber Exklusion ist kein reines Arbeitsmarktphänomen. Von sozialer Ausgrenzung bedroht sind auch viele Menschen, für die sich die Frage nach Arbeit noch nicht oder nicht mehr stellt, zum Beispiel Kinder und Alte. Es gibt Menschen, die – weil sie Ausländer sind, weil sie keinen Schulabschluß und keine Ausbildung haben – gar nicht erst ins Spiel gekommen sind; und es gibt solche, die durch bestimmte Umstände aus dem Spiel geflogen sind. Es gibt solche, die es nie geschafft haben, und solche, die es nicht mehr geschafft haben.

Der Sozialstaat garantiert ihnen ein Existenzminimum, bedient sich aber dabei neuerdings unanständiger Tricks. Für die Berechnung des Existenzminimums dienen die durchschnittlichen Verbrauchskosten unterer Einkommensschichten als Maßstab. Der Gesetzgeber hat bei der Einführung des Arbeitslosengeldes 2 das Existenzminimum jedoch nicht an Hand der aktuellen Vergleichszahlen bemessen, sondern mittels solcher, die vor acht Jahren erhoben wurden. Er hat zudem als Bezugsgröße die Kosten eines Einpersonenhaushalts genommen, wohlwissend, daß Familien mehr ausgeben müssen – und er hat obendrein noch etliche Posten aus dem sogenannten Warenkorb einfach herausgenommen.

146

»Die Stärke eines Volkes mißt sich am Wohl der Schwachen«: So steht es in der Präambel der schweizerischen Verfassung vom 18. April 1999. Das ist ein mutiger Satz, weil die Stärke eines Staates gern an ganz anderen Faktoren bemessen wird. Die einen messen sie am Bruttosozialprodukt und am Exportüberschuß, die anderen reden dann vom starken Staat, wenn sie mehr Polizei, mehr Strafrecht und mehr Gefängnis fordern. Kaum jemand fordert den starken Staat, wenn es darum geht, soziale Ungleichheit zu beheben; kaum jemand sagt »starker Staat«, wenn er die Verknüpfung von Sozial- und Bildungspolitik meint. Indes: Der starke Staat ist der Staat, der für Chancengleichheit sorgt. Im angelsächsischen und skandinavischen Raum zählt das Bildungssystem zu den »Social Services«, also zu den Institutionen des Wohlfahrtsstaats; der Kulturföderalismus in der Bundesrepublik stellt hier immer noch eine Wahrnehmungsschranke dar.

Unsere Gesellschaft schmückt sich mit dem Prädikat »Leistungsgesellschaft«, aber das gehört zu ihren großen Selbsttäuschungen. Die Deutschen glauben zwar, daß es jeder nach oben schaffen kann, wenn er nur begabt und fleißig ist; aber das stimmt nicht. Zuletzt zeigten die PISA-Studie und die IGLU-Grundschulstudie, daß bei einem Vergleich von zweiunddreißig Ländern der Abstand zwischen der Leistung von Schülern aus privile-

147

gierten Familien und solchen aus unteren sozialen Schichten in nur wenigen anderen Ländern so groß ist wie in Deutschland. Nur in Ungarn, Belgien, in der slowakischen und in der tschechischen Republik beeinflußt das familiäre Umfeld die Leistungen noch stärker als in Deutschland.

Der Berliner Erziehungswissenschaftler Rainer Lehmann hat die Leistungsfähigkeit der Fünftkläßler in Hamburg getestet, seine Testergebnisse mit den Schulempfehlungen der Grundschullehrer verglichen und festgestellt: Kinder von Müttern mit Abitur haben im Vergleich zu Kindern, deren Mütter keinen Schulabschluß haben, eine sechseinhalbmal so große Chance, für das Gymnasium empfohlen zu werden. Das Kind einer Mutter ohne Schulabschluß muß ganz erheblich überdurchschnittliche Leistungen aufweisen, um eine Gymnasialempfehlung zu bekommen; dem Kind einer Mutter mit Abitur wird auch noch mit unterdurchschnittlichen Leistungen der Besuch eines Gymnasiums empfohlen. Das Kind wird zu Hause schon Hilfe bekommen, mögen sich die Grundschullehrer denken, und haben damit ja nicht einmal unrecht.

Eine steigende Zahl von Kindern wächst in Armut auf, in Großstädten wie Berlin lebt jedes sechste Kind vom Sozialamt; Soziologen reden von der Infantilisierung der Armut, und sie wissen: Armut ist erblich. Der Armutsbericht der Bun-

148

desregierung belegt, daß sich in der Regierungszeit von Rot-Grün die Ungleichheit in Deutschland verschärft hat. Konnte man 1998 noch 12,1 Prozent der Bevölkerung nach EU-Kriterien als arm bezeichnen, sind es 2004 schon 13,5 Prozent. Diese Tendenzen geben eine Vorahnung von den künftigen Spaltungslinien innerhalb der Gesellschaft; dazu gehört auch, daß 50 Prozent der Einwanderer in Berlin arbeitslos sind.

Die beispiellose, stetige Zunahme an Gleichheit, die Deutschland wie alle westlichen Länder im interkulturellen Vergleich seit dem neunzehnten Jahrhundert erlebt hat, ist gestoppt. Die soziale Dynamik der fünfziger Jahre, als in der Nachkriegsgesellschaft Millionen bei null anfangen mußten und in Westdeutschland zehn Millionen Flüchtlinge das soziale Gefüge durcheinanderbrachten, ist längst ausgelaufen. Und die Bildungsoffensive der siebziger Jahre, als die Kinder kleiner Handwerker und strebsamer Facharbeiter zu Hunderttausenden auf der Strickleiter, die ihnen das BAföG geknüpft hatte, nach oben kletterten, ist zu Ende; die Strickleiter ist eingezogen, das Projekt sozialer Aufstieg beendet.

Das System ist semipermeabel geworden, durchlässig also nur noch in eine Richtung. Warum? Legt man die Zahlen der OECD zugrunde, geben die Deutschen 4,4 Prozent ihres Bruttosozialprodukts für Bildung aus. Der OECD-Durchschnitt liegt bei

149

5 Prozent, die Quote der Schweden bei 6,6 Prozent. Wollten die Deutschen den Schweden darin nacheifern, müßten sie nach OECD-Berechnungen pro Jahr 20 Milliarden Euro mehr für Schule und Studium ausgeben.

Jahr für Jahr verlassen in Deutschland knapp hunderttausend Schülerinnen und Schüler die Hauptschule ohne Abschluß. Die Hauptschule ist, anders als der Name sagt, nicht mehr Hauptschule, sondern Minderheitenschule, Unterklassenschule, Schule der Bildungsverlierer, der Großstadtkinder aus der Patchwork-Familie mit Migrationshintergrund; nur noch 22 Prozent der Kinder gehen auf die Hauptschule, in den Stadtstaaten sind es nur noch 10 Prozent. Sie ist die Schule des sozialen Rests, der Ort für Ausschluß und Ausschuß.

»Wir können nichts«, haben die Schüler im fünften Schuljahr einer Hauptschule in Bergisch-Gladbach ihrer neuen Klassenlehrerin gesagt, als sie aufschreiben sollten, was sie denn gut können. Karl-Heinz Heinemann hat das in der Wochenzeitung *Freitag* berichtet, und sein Fazit ist ebenso hart wie zutreffend: »Die Hauptschule ist die letzte Station des sozialen Abstiegs, eine Kränkung und Verletzung für die Kinder.« Er weist mit Recht darauf hin, daß die Kids in den Hauptschulen Kompetenzen haben, die in der Schule wenig oder gar nicht honoriert werden: Kinder, die keinen Satz ordentlich schreiben und keine zwei Absätze

150

ordentlich vorlesen können, schreiben blind unter der Bank SMS. Die Zwölfjährige spricht akzentfrei Deutsch und kann ebensogut Italienisch und Türkisch, weil ihre Eltern aus diesen Ländern kommen; nur ordentlich aufschreiben kann sie das nicht, was sie sagt. Aber sie wäscht ihre Wäsche selbst, weil die sich bei ihrer Mutter immer verfärbt. Andere Kinder bringen ihre Geschwister morgens in den Kindergarten, müssen auch selbst dafür sorgen, daß sie ihre Schulsachen dabeihaben – Dinge, auf die in Mittelstandsfamilien die Eltern achten. Perspektiven bietet diesen bemerkenswert selbständigen Kindern die Hauptschule nicht; sie ist ein Stigma. Nur eine Minderheit der Abgänger ergattert einen Ausbildungsplatz.

Die Hauptschule ist der Ort, der die idealistische Schulphilosophie Johann Gottlieb Fichtes auf brutale Weise entidealisiert: Für ihn war der Lehrer der wichtigste soziale Platzanweiser im Staat. An der Hauptschule von heute ist er aber ein Platzanweiser, der nur noch auf den nackten Fußboden deuten kann. Um die Gymnasiasten muß man sich, entgegen landläufiger Urteile und trotz aller Probleme, die es auch dort gibt, keine Sorgen machen. Um die »Verbreitung elementaren Denkvermögens« in der Schülerschaft am unteren Rand der Bildungsverteilung dagegen schon, so schreibt Jürgen Kaube in der *Frankfurter Allgemeinen Zeitung*.

Die Politik leugnet die moderne Armut in jederlei Form heute genauso, wie sie jahrzehntelang geleugnet hat, daß Deutschland ein Einwanderungsland und seine Gesellschaft eine Einwanderungsgesellschaft ist. Es gilt aber, was schon im dritten Jahrhundert der heilige Irenäus festgestellt hat: »Nihil salvatur, nisi acceptatur« – Nichts kann geheilt werden, was nicht zuvor erkannt und anerkannt worden ist. Es ist das Eingeständnis notwendig, daß es eine neue Unterschicht gibt, die sich nicht mit den nach PISA geforderten Strukturreformen selbst befreit. Mit ein paar neuen Lehrstühlen für Didaktik ist es da nicht getan. Man wird die Schule zur Befreiungseinrichtung aus den Milieus der neuen Unterschicht machen müssen, und die Ganztagsschule wird weniger ein Zugeständnis an die werktätigen Eltern der Mittelschicht als eine Art Internat für Kinder aus Unterschichten und sozialen Risikogruppen sein müssen. Die neue soziale Frage braucht eine neue schulische Antwort; die Schule ist der Ort der Schicksalskorrektur.

Unser Gesellschaft mutiert zur Klassengesellschaft, aber sie merkt es nicht, weil der Mythos von der »nivellierten Mittelstandsgesellschaft« das kollektive Bewußtsein beherrscht; der Soziologe Helmut Schelsky hat den Begriff in den fünfziger Jahren kreiert. Der Mythos von der nivellierten Mittelstandsgesellschaft ist ein bequemer Mythos geworden, der heute auch von denen gern gehegt wird, die in den fünfziger und den siebziger Jahren nach oben geklettert sind: Wer sich heute in den Lehrkörpern der Schulen und Universitäten umschaut, der sieht überall die nun etablierten Aufsteigerkinder von gestern, aus der Zeit also, als die verschiedenen Gesellschaftsschichten gemeinsam und gleichzeitig nach oben befördert wurden. Die Tellerwäscherkarrieren eines Gerhard Schröder und eines Joschka Fischer, die aus kleinsten und kleinen Verhältnissen zum Kanzler und zum Vizekanzler aufsteigen konnten, bestärken die Illusion, daß das, was war, immer noch ist – sie bestärken diese Illusion bei diesen Spitzenaufsteigern selber ebenso wie bei denen, die mit ihnen aufgestiegen sind.

Viele der Bildungsexperten, die einst die Strickleiter des Aufstiegs mit geknüpft und ausgerollt haben, haben sich, oft zermürbt von Detailstreitigkeiten wie jenen über die Gesamtschule, in ihre Fachgebiete zurückgezogen und sehen jetzt als Pensionisten, wenn sie ihr Fernsehgerät einschalten, daß sich ein Klassenfernsehen etabliert hat – RTL2, Pro7, DSF und 9Live für die Unterschicht, mit Sendungen mit hohem Prol-Faktor und anzüglicher Sexwerbung; am anderen Ende der Skala Sender wie Arte, mit feinen Produktionen für den feineren Geschmack. Die Zeiten, in denen die dritten öffentlich-rechtlichen Fernsehprogramme Studienprogramme waren, Programme zur außer-

153

schulischen Weiter- und Fortbildung, soziale Aufstiegsprogramme also, mit denen man Bildungsabschlüsse nachholen konnte – diese Zeiten sind versunken in der neuen Exklusionsgesellschaft, die sozial Schwache dort läßt, wo sie sind, und die Familien wie Behinderte, Ausländer wie Straffällige an den Rand drängt.

Öffentlich-rechtliches Lernen war gestern. Heute gibt es Studiengebühren an den Universitäten und die neue Lust auf Privatschulen in gutbürgerlichen Kreisen. Der Drang zur Privatschule ist auch ein Versuch der gesellschaftspolitischen Dekontaminierung von den Problemen der Einwanderungsgesellschaft.

Die Hauptschule ist der Ort geworden, der die Exklusion verwaltet, ohne daß darüber größere Empörung herrscht. Die Gesellschaft hat sich an diese Exklusion gewöhnt. Es gab drei Jahrzehnte lang Exklusionskampagnen, und sie fanden nur scheinbar auf einem entfernt liegenden Terrain statt. Die Geschichte der neuen Exklusion beginnt bei und mit den Flüchtlingen, das Asyl-, das Flüchtlings- und Ausländerrecht war und ist ihr Exerzierfeld, dort wurden Rechtsverkürzung, Leistungsverkürzung, Ausgrenzung erstmals ausprobiert und praktiziert. Bei den Flüchtlingen wurde die Politik der Entsolidarisierung eingeübt, Opfer waren die Schwächsten der Schwachen. Seitdem folgen die anderen Schwachen.

»Das Solidaritätsprinzip formte sich in Reaktion auf die defizient gewordene individualistisch-liberalistische Ordnung sowie ihre Antithese, den kollektivistischen Sozialismus, und wollte einen Mittelweg zwischen beiden beschreiten. Gegenüber dem Individualismus billigt das Solidaritätsprinzip der Gesamtheit wieder einen eigenständigen, von der Summe ihrer Glieder unterschiedenen Rang zu; gegenüber dem Kollektivismus verteidigt es den Wert des Individuums unabhängig von seiner Sozialnützlichkeit.«

So schreibt mit prägnanter Brillanz der Bundesverfassungsrichter Dieter Grimm in seinem Beitrag für das *Evangelische Staatslexikon.* Von dieser Definition bleibt vor allem der letzte Halbsatz im Kopf: »… das Solidaritätsprinzip verteidigt den Wert des Individuums unabhängig von seiner Sozialnützlichkeit.« Wie dieser Wert vom Staat verteidigt wird, das kann man schon lange in den Abschiebegefängnissen der Republik besichtigen.

Erst war der Flüchtling ein potentielles Risiko für die Stabilität des Gemeinwesens. Dann wurden andere Schwache und Schutzbedürftige, Ausländer, Migranten, Sozialhilfebezieher, Langzeitarbeitslose, Rentner und die allgemeine Besitzstandsmentalität als Schuldige an der ökonomischen Misere markiert. Die Politik gegen Asyl und

Asylbewerber hatte einen Gewöhnungseffekt: Ein großer und noch wachsender Teil der Gesellschaft hat die radikalste Form der Ausgrenzung, nämlich die hunderttausendfache Ausweisung und Abschiebung aus Deutschland, akzeptiert und goutiert. Das prägt; das läßt mildere Formen der Ausweisung und Abschiebung, nämlich die Abschiebung innerhalb der Gesellschaft, akzeptabel erscheinen. Ein Teil der Gesellschaft hat sich daran gewöhnt, daß bestimmte Grundrechte als Luxus zu betrachten sind. Der Staat betrachtet sie nicht mehr als Gebot, sondern als Zugabe, die man sich nur in besseren Zeiten leisten könne – und die Zeiten seien nun mal leider nicht so.

Die Exklusion von Flüchtlingen als Modell: 1973 wurde in Deutschland zum ersten Mal von »Asylmißbrauch« geredet. Im Schatten der Ölkrise hatte das Wirtschaftswunder zu verblühen begonnen, ein Anwerbeverbot für Gastarbeiter wurde verfügt, es kamen andere Flüchtlinge, als man sie bis dahin gewohnt war – nicht mehr nur die aus dem damaligen Ostblock, die, weil sie aus dem Kommunismus kamen, automatisch als asylberechtigt gegolten hatten. Aus Flüchtlingen wurden »Mißbraucher«, Kampagnen gegen das Asylrecht wurden zwanzig Jahre lang zum festen Bestandteil deutscher Wahlkämpfe. Von 1989 an war »Asylmißbrauch« das beliebteste Wort konservativer deutscher Politiker.

Man machte den alten Asylartikel 16 Absatz 2 des Grundgesetzes zum Sündenbock und bürdete ihm Lasten auf, bis er zusammenbrach. Artikel 16 und die Flüchtlinge waren an allem schuld: die Angst vor Überfremdung, die Wohnungsnot, die Finanzdefizite der öffentlichen Haushalte. Zuletzt mußte der Sündenbock sogar noch das Leiden an der deutschen Einheit und die Verantwortung für die rechtsradikalen Exzesse gegen Flüchtlinge tragen. Sogar noch daran, daß Asylbewerberheime brannten, und daran, daß man im Ausland mit Fingern auf die Deutschen zeigte, war Artikel 16 schuld.

Artikel 16 und »der Asylmißbraucher« wurden zur Chiffre für das Bedrohliche, und später, als das alte Grundrecht abgeschafft war, aber der Staat gleichwohl nicht gesundete, rückten der Sozialstaat und der Sozialmißbraucher an ihre Stelle. Über 90 Prozent aller Asylbewerber wurden damals, in den achtziger und frühen neunziger Jahren, als Simulanten beschimpft, weil sie die Kriterien nicht erfüllten, die das immer wieder geänderte Asylverfahren immer spitzfindiger definierte.

Die Änderung des Asylgrundrechts im Jahr 1993 ist ein Exempel dafür, wie man den Gehalt eines Rechts aushöhlt und es als eine Art Attrappe, als Hülle bestehenläßt. Als das Bundesverfassungsgericht die Grundrechtsänderung drei Jahre später akzeptierte, sprach das Votum der von der Mehrheitsentscheidung abweichenden Richter davon, daß ein Grundrecht auf dem Altar der »Beschleunigungsmaxime« geopfert worden sei. Die schnelle Abschiebung war wichtiger als das Asylrecht, wichtiger als der Grundsatz des fairen Verfahrens. Die Gesetzgebung und die höchstrichterliche Rechtsprechung degradierten ein Grundrecht, minimierten den Rechtsschutz und kreierten im Asylbewerberleistungsgesetz einen weitgehenden Ausschluß der Flüchtlinge von Sozialleistungen; Asylbewerber sollen so kurz wie möglich gehalten werden.

Die möglichst erbärmliche Behandlung soll nicht nur Kosten sparen, sondern auch abschrekken. Eine Baby-Erstausstattung zum Beispiel erhalten nur deutsche Sozialhilfeempfängerinnen, nicht Flüchtlingsfrauen. Das gehört bei ihnen nicht zum Existenzminimum. Das Existenzminimum steht also unter Finanzierungsvorbehalt, unter Abschreckungsvorbehalt und unter Nationalitätenvorbehalt – das Minimum kann offensichtlich immer weiter minimiert werden. Der Caritasverband mag protestieren. Politik hört nicht mehr auf Caritas. Dabei hat das Bundesverfassungsgericht erst jüngst entschieden, daß es nicht gerechtfertigt ist, in Deutschland lebende Ausländer vom Kinder- und Erziehungsgeld auszuschließen.[20]

Auf die Abschiebung der Flüchtlinge folgte die

Abschiebung der Bettler, der unteren Zehntausend: Immer mehr Kommunen haben Bettelsatzungen erlassen, um die Bettler aus den Innenstädten zu vertreiben. Nicht die Armut wird bekämpft, sondern die Armen werden ausgegrenzt. Wenn und weil das funktioniert, kann Hans-Olaf Henkel, der ehemalige Präsident des Bundesverbands der deutschen Industrie, fragen, wo denn die Armut in Deutschland sei, von der immer geredet werde. Er könne sie nicht sehen, wenn er in die Fußgängerzonen der Städte und in die Einkaufszentren schaue. Dort sieht man sie in der Tat nicht mehr. In den immer riesigeren Einkaufszentren, in denen zunehmend auch die Freizeit verbracht wird, dienen Videokameras, dienen reale und symbolische Barrieren auch zur Einhaltung der vorgegebenen Verhaltensstandards. Der Wohlfühlfaktor für die Verbraucher soll erhalten bleiben. Es gibt auch immer mehr »gated communities«, also bewachte Wohnanlagen und Stadtviertel. In privat gegründeten Siedlungen, wie man sie in den USA kennt, existieren »Covenants, Conditions & Restrictions«, die das Alltagsleben umfassend regeln und selbst noch vorschreiben, wo man sich vor dem Haus küssen und wann der Müll hinausgestellt werden darf. Kriminalitätsfurcht führt zur freiwilligen Unterwerfung unter solche Regeln.

Obdachlosigkeit ist nur in der Literatur eine

159

schöne Angelegenheit. Die Obdachlosen heißen dort Bettler, und wenn es ums Betteln geht, wird es auf rustikale Weise lustig: Da steigt der Lahme auf die Schulter des Blinden, da werden Gebrechen fingiert, da wird geflunkert, geheuchelt und gesoffen, da wird gestritten, daß es nur so kracht. Der Bettler gehört jahrhundertelang zu den urigen Hauptpersonen der Komödie, und noch angesichts von Liedern und Balladen des neunzehnten Jahrhunderts wird man geradezu neidisch, wenn man kein Bettler oder Vagabund ist. In den erbaulichen Schriften ist der Bettler ein Werkzeug Gottes, und mit dem Almosen, das man dem Bettler gibt, erwirbt man sich nicht nur die Achtung der Mitwelt, sondern einen Schatz im Himmel. Der heilige Martin wurde heilig, weil er dem frierenden Mann am Weg seinen halben Mantel schenkte, die heilige Elisabeth wurde heilig, weil sie freigiebig Brot verteilte. Der heilige Chrysostomos hat gelehrt, daß man den Bettlern ihre Tricks nicht übelnehmen solle: Ihre Listen seien eher eine Schande für die Angesprochenen als für die Bettler, die erst durch mangelndes Mitleid zu Täuschungen gezwungen würden.

Noch besser als dieser heilige Chrysostomos lehrt uns Joachim Ritzkowsky, was es mit der Obdachlosigkeit auf sich hat. Dieser Joachim Ritzkowsky war kein Bettler, kein Obdachloser, aber einer, der sie vielleicht besser kannte als sie sich selbst. Er war Pfarrer für Obdachlose. Und als er das, damals zweiundfünfzig Jahre alt und aus dem Wohlstandsbezirk Berlin-Zehlendorf in die Kreuzberger Heilig-Kreuz-Gemeinde kommend, geworden ist, hat er aufgeschrieben, was er erlebte: »Ich hätte es nie für möglich gehalten, was ich seitdem auf den Straßen gesehen und erfahren habe.« Es war ein Bericht über das »Sterben auf Berlins Straßen«, von Menschen, die »völlig von Tieren zerfressen« waren – und von einer Bürokratie, die ohne Gnade mit den Obdachlosen umging.

Ritzkowsky weigerte sich, das Trinken in den Obdachloseneinrichtungen zu verbieten. Er legte sich mit der Deutschen Bahn an, die Obdachlose aus den Bahnhöfen vertreibt. Am meisten Aufsehen aber erregte er, als er 1993 mit der Justiz aneinanderrasselte. Der Journalist Pit von Bebenburg hat das, als der Pfarrer im Januar 2003 starb, noch einmal anschaulich beschrieben: Ritzkowsky hatte dem obdachlosen Manfred Lehmann einen Wohnsitz in seiner Kirche bescheinigt, damit der einen Personalausweis bekommen konnte. Es begann eine juristische Groteske um die Frage, was ein Wohnsitz sei. Eigentlich wohnte Manfred Lehmann in der Frauentoilette am U-Bahnhof, aber auf Ritzkowskys Vorschlag, dort eine Hausnummer anzubringen, war die Verwaltung nicht eingegangen. Der Senat vertrat die Auffassung, daß man nur dort wohnen könne, wo man auch Einrich-

161

tungsgegenstände besitze, also nicht in der Kirche. Ritzkowsky wurde zu 2500 Mark auf Bewährung verurteilt. Erst in zweiter Instanz bekam der Pfarrer Recht.

In letzter Instanz wird er dafür belobigt worden sein. Ritzkowskys letztes Projekt war nämlich ein Grab, das dann auch sein Grab wurde. »Obdachlose werden am Ende möglichst billig entsorgt«, hatte er festgestellt: »Kein Stein, keine Tafel, auf denen der Name des Gestorbenen steht, erinnern an den Menschen, der starb.« Er hat das geändert, hat einen Ort im Friedhof am Halleschen Tor geschaffen, den er »ein Grab mit vielen Namen« genannt hat. Jetzt liegt er selber dort. Kein schöner Land.

Dieser Pfarrer war einer, der das Wort »Verbringungsgewahrsam« anders interpretiert hat, als es die Polizei üblicherweise tut. In Stralsund wurde im Dezember 2002 ein volltrunkener Obdachloser auffällig – und von zwei Polizisten an den Stadtrand verbracht und bei etwa null Grad ausgesetzt. Dort wurde er später tot gefunden, erfroren. Im Prozeß haben die beiden angeklagten Polizisten das Aussetzen hilfloser Personen als üblich bezeichnet.

Die Gesellschaft hat heute gegen Obdachlosigkeit nichts: Betteln ja, Herumlungern auch – aber bitte diskret. Deswegen wird in der Politik immer wieder ein Vorgehen gegen aggressives Betteln gefordert. Man müsse die Leute des Platzes, des Bahnhofs, der U-Bahn-Station verweisen, hilfsweise ihr Tun auch wieder in den Katalog der Straftaten aufnehmen. Wenn Politiker klassisch gebildet sind, können sie sich dabei auf Platon berufen: Der gab den Rat, die Bettler auszuweisen, wenn sie das Wohlbefinden der anderen Bürger stören.

Das Elend, so heißt es in den Zeitungsberichten, verfestige sich. In Bayern leben mindestens zwanzigtausend Obdachlose. Genaue Zahlen gibt es nicht, denn statistisch erfaßt werden nur diejenigen, die in städtischen Notunterkünften leben. Die Bundesarbeitsgemeinschaft Wohnungslosenhilfe (BAGW) schätzt die Zahl der Obdachlosen in Deutschland auf dreihundertfünfundsiebzigtausend (ohne Asylbewerber). Nach dem Armutsbericht der Bundesregierung sind dreihundertdreißigtausend Menschen wohnungslos. Wie viele auf öffentlichen Plätzen oder unter Brücken leben, weiß keiner. Wie viele erfrieren im Winter? Bundesweit gab es zuletzt neun Kältetote. Aber: Es kommt darauf an, wie die Polizei den Tod registriert; bei gleichzeitigem Herzversagen taucht das Erfrieren in den Statistiken nicht auf. Und die medizinische Versorgung von Obdachlosen hat sich mit der Einführung der Praxisgebühr verschlechtert.

Bei Umfragen unter Obdachlosen hat die Hälfte

angegeben, daß sie ihre Wohnung durch Kündigung des Vermieters oder sogar durch eine Zwangsräumung verloren haben. Ein Obdachloser kostet freilich die Kommune sehr viel mehr, als sie aufwenden müßte, wenn sie ihm die Wohnung finanziert hätte. Knapp 50 Prozent der Obdachlosen geben Sozialhilfe als ihre wichtigste Einkommensquelle an. 10 Prozent betteln, genauso viele haben gar keine Einkünfte. Je länger die Obdachlosigkeit dauert, desto größer wird die Distanz zum Hilfssystem. Das heißt: Es wird immer unwahrscheinlicher, daß die Situation sich ändert. So sieht Exklusion in ihrer extremsten Form aus.

Das Prinzip Ausgrenzung und Abschiebung hat im Sozialrecht umfassend Einzug gehalten: Wer durch einen Unfall gelähmt wird und rund um die Uhr Pflege braucht, darf nicht mehr entscheiden, wie er leben möchte, ob im Heim oder zu Hause. Aus Kostengründen wird geistig Behinderten und verwirrten alten Menschen die notwendige Hilfe verweigert; für die Pflegeversicherung sind sie zu teuer. Armen im Altenheim wurde mit Jahresbeginn 2005 das Taschengeld um ein Drittel gekürzt, von 132 Euro auf nunmehr 88,86 Euro (in Bayern; in anderen Bundesländern variiert das um kleine Euro-Beträge). Auch diejenigen alten Menschen, deren Unterbringung im Altenheim vom Sozialamt nicht voll bezahlt, sondern nur bezuschußt wird, müssen mit weniger Geld auskommen als

164

bisher. Auch sie dürfen nur noch 89 Euro monatlich für persönliche Zwecke behalten. Das ist das einzige Geld, über das diese Heimbewohner individuell verfügen dürfen; hiervon bezahlen sie den Friseur, Hygieneartikel, Reinigung und Reparatur von Kleidung, Bekleidung, zusätzliches Obst, ein Bier am Abend und die Geschenke für die Enkel, neuerdings auch Praxisgebühr und Fahrtkosten zum Arzt.

Das Betreuungsgesetz, eine der größten legislativen Errungenschaften der letzten Jahrzehnte, wird finanziell ausgehungert. Es hat das alte Vormundschaftsrecht abgelöst, die Entmündigung abgeschafft und es dem Richter aufgegeben, für die spezifische Erkrankung eine individuelle Betreuungslösung zu finden. Das alte Vormundschaftsrecht hatte sich nur um das Vermögen der Mündel gekümmert; die Persönlichkeitsrechte der Altersschwachen, der psychisch Kranken und der geistig Behinderten verkümmerten am Rande des Rechts. Da waren Menschen, die ein Leben in Pflichterfüllung gelebt hatten. Und dann wurden sie, so war es bis 1991, ausgeschlossen. Sie durften nicht mehr wählen, sie durften nicht mehr heiraten, das Testament, das sie schrieben, war unbesehen ungültig. Nicht einmal über Taschengeld durften sie verfügen, denn das Gesetz machte selbst den Kauf von Kaffee und Kuchen unwirksam.

Die Ärzte und die Vormundschaftsrichter mur-

165

melten »altersschwach« und »ausgeklinkt« und zogen diese Menschen aus dem Verkehr. Man löste ihre Wohnungen auf, verfrachtete sie in Heime. Und gar nicht so selten blieben sie so am Leben: am Fuß angebunden bei Tag, im Bett festgeschnallt bei Nacht. Am Türschild stand dann »Psychiatrie« und in den Lehrbüchern »juristische Grauzone«. Das Unglück solcher Menschen aber wurde inseriert als amtliche Bekanntmachung in der Zeitung: »N. N., geboren am ..., wegen Trunksucht auf seine Kosten entmündigt, 28. April 1988. Das Amtsgericht.« Jährlich dreitausend Menschen wurden auf diese Weise entmündigt. Mit medizinisch unsinniger, aber brachialer Akkuratesse wurden sie behandelt: die Geisteskranken wie Kinder unter sieben, die Geistesschwachen wie Kinder über sieben Jahren. Aus Menschen wurden Mündel, verwaltet vom Vormund – mit einem Zeitaufwand von sechseinhalb Stunden pro Jahr (das war der für den Raum München ermittelte Durchschnittswert). Nicht viel besser erging es denen, die unter Pflegschaft standen.

Das alles sollte mit dem neuen Recht anders werden: Betreuen statt entmündigen war das Motto – ein gutes Motto für Hunderttausende von Menschen. Es wollte persönliche Betreuung an die Stelle anonymer Verwaltung und Verwahrung setzen.

Der Weg weg von der anonymen Vormundschaftsverwaltung hin zur persönlichen Betreuung hätte aber nicht nur die schönen neuen Paragraphen erfordert, sondern auch Geld. Schon fünf Jahre nach der Einführung des Gesetzes wurde deutlich, daß es am politischen Willen fehlte, die neuen Vorschriften umzusetzen, die Spardebatten kamen da gerade recht. Das neue Betreuungsrecht wurde so zu einem Musterbeispiel für bloß symbolische Gesetzgebung. Bereits Mitte der neunziger Jahre haben die Länder damit begonnen, dem Gesetz unter dem Vorwand von Notreparaturen den Garaus zu machen – der Bundesgesetzgeber hatte sich für seine Reform viel loben lassen, die Länder sollten sie bezahlen. Dagegen hatten sie sich von Anfang an gesträubt und daher schon die ersten Chancen zu Rückwärtsreformen genutzt.

So wurde und wird ein Recht zerstört, das offenbar schon wenige Jahre nach seiner Verabschiedung nicht mehr in die Zeit paßte. Ein Land, das sich nur noch als Wirtschaftsstandort betrachtet, braucht Menschen, die funktionieren und produzieren. Tun sie das nicht, dann sollen sie nicht auch noch hohe Kosten verursachen. Das war und ist der Sinn der Betreuungsrechts-Rückwärtsreformen.

Jeder Autofahrer weiß, was passiert, wenn man einen komplizierten Hochleistungsmotor statt mit Superbenzin mit billigem Fusel betankt. Der Motor wird es nicht lange machen. Exakt so ergeht es dem

Betreuungsgesetz. Zunächst wurden die Vergütungen der Betreuer und Betreuungsvereine von den Gerichten äußerst knapp bemessen. Schon dabei hob das Bundesverfassungsgericht warnend den Finger und stellte fest, es sei:

>»eine dem Erfordernis der ständigen Bereithaltung qualifizierten Personals angemessene Vergütung festzusetzen, um sicherzustellen, daß ... nicht durch willkürliche Inkonsequenz ... in Frage gestellt wird, daß die von den Vereinen vorgehaltenen Personalkosten ... gedeckt werden können.«[21]

Was tat der Gesetzgeber daraufhin? Er deckelte den Vergütungsrahmen.

Und weil noch weiter gespart werden soll, will man nun an der professionellen Betreuung sparen: Man will unter anderem noch mehr ehrenamtliche Berater, weniger Gebühren kassierende Anwälte. Dafür ist den Ministern erst einmal der Beifall sicher, weil immer wieder einzelne Abzockereien bekannt werden. Aber schon heute werden 80 Prozent aller Fälle ehrenamtlich geführt, überwiegend von Angehörigen, die meist nicht einmal die ihnen zustehende Aufwandsentschädigung in Anspruch nehmen. Wirklich erforderlich wäre qualifizierte Begleitung für sie; ihnen auch noch die ganz komplizierten Fälle aufzuhalsen, ist nicht statthaft.

Es gäbe durchaus vernünftige Möglichkeiten, um das in der Tat übertrieben justizorientierte Betreuungsrecht zu verbessern. Es müßte dabei darum gehen, statt einer rechtlichen eine wirklich soziale Betreuung aufzubauen und die finanziellen Mittel anders zu gewichten. Der Justizbetrieb frißt nämlich das knappe Geld auf, weil Richter die Betreuer auf Schritt und Tritt kontrollieren müssen. Eine gute Reform des Betreuungsrechts hätte die Aufgabenverteilung zwischen Gericht und Betreuungsbehörde neu ordnen müssen, nämlich so, daß das Gericht die Betreuung der dementen Menschen nur installiert, aber nicht mehr im Detail organisiert. Das Recht soll die Pflege (vor allem die in der Familie!) nicht mehr im Paragraphenwust ersticken.

Eine solche Reform ist aber nicht versucht worden. Sie hätte ja nicht Geld eingespart, sie hätte es nur besser genutzt.

Statt dessen wird dem Betreuungsrecht durch Entzug der finanziellen Mittel der Garaus gemacht. Man mag sich fragen: Wie weit ist es eigentlich von der Entsorgung des Betreuungsrechts noch bis zur Entsorgung der Betreuten? Bei Aldous Huxley, in seiner *Schönen Neuen Welt,* wird beschrieben, wie altgewordene Menschen in Kliniken entsorgt werden. Sie werden »abgeschaltet« wie alte, verrostete Maschinen. Kinder werden regelmäßig in diese Entsorgungskliniken geführt und dort mit Schokolade gefüttert, damit sie sich an den Vorgang des Abschaltens gewöhnen und für sich akzeptieren lernen, daß Leben technisch produziert und technisch beendet wird.

Haben wir diesen Weg schon eingeschlagen? Entspricht der Reproduktionsmedizin und der pränatalen Diagnostik, die am Beginn des Lebens sortiert, kontrolliert und entsorgt, die Mechanisierung des Todes am Ende des Lebens, die gleichfalls sortiert, kontrolliert und gegebenenfalls auch entsorgt? Schlägt so die allgegenwärtige Marktökonomie in das menschliche Leben zurück, indem sie es zunehmend als Produkt betrachtet, das der Kontrolle, der Überprüfung, der Herstellung und der Entsorgung bedarf?

Velma Wallis, eine Frau, die in einer Familie mit dreizehn Kindern in Alaska aufgewachsen ist, erzählt eine alte indianische Legende, die sie von ihrer Mutter erzählt bekommen hat. *Zwei alte Frauen* heißt ihr Buch, Untertitel »Eine Legende von Verrat und Tapferkeit«: In einem strengen Winter hoch oben im Norden Alaskas wird ein Nomadenstamm der Athabasken von einer Hungersnot heimgesucht. Das Verlassen des Winterlagers und die Suche nach neuer Nahrung sollen einen Ausweg bieten. Wie es das Stammesgesetz vorsieht, beschließt der Häuptling, zwei alte Frauen als unnütze Esser zurückzulassen. Keiner wagt es, dagegen aufzubegehren, nicht einmal die Tochter der einen; auch sie muß sich bestürzt dem Beschluß beugen.

Als die beiden Frauen allein und verlassen in der Wildnis auf sich gestellt sind, geschieht das Erstaunliche: Statt aufzugeben, finden sie den Willen und den Mut, sich der Herausforderung zu stellen. Der anfängliche Zorn weicht dem puren Willen zum Überleben. Nach und nach erinnern sie sich der Fähigkeiten, die sie früher einmal besessen, die sie aber im Lauf der Jahre vergessen hatten, als die Jüngeren die Nahrungsbeschaffung übernahmen. Am Schluß ist es dann so, daß der Stamm am Verhungern ist und auf die Hilfe der ausgestoßenen alten Frauen angewiesen, die geschickt vorgesorgt und ein Vorratslager angelegt haben. Die Geschichte endet mit den ein wenig märchenhaften Zeilen:

»Es folgten noch manche bittere Zeiten der Not, denn im kalten Land des Nordens kann es gar nicht anders sein. Doch das Volk hielt sein Versprechen. Nie wieder ließ die Gruppe irgendeines ihrer alten Mitglieder im Stich. Sie hatte eine Lektion erhalten, und das von zwei Menschen, die sie fortan zu lieben und zu umsorgen lernten, bis jede von ihnen als glückliche alte Frau starb.«

Märchen oder nicht – es ist eine Geschichte, die vom Wert der Erfahrung der Alten erzählt, es ist auch eine Geschichte gegen den Jugendlichkeitswahn, sozusagen eine alte Version des Fernsehfilms *Der große Bellheim* mit Mario Adorf. Die Moral von der Geschicht': Unterschätzt die Alten nicht.

Es gibt ein Pendant der Brüder Grimm zur Erzählung von den alten Indianerfrauen, das geht so: Es war einmal ein steinalter Mann, dem waren die Augen trüb geworden, die Ohren taub, und die Knie zitterten ihm. Wenn er nun bei Tische saß und den Löffel kaum halten konnte, schüttete er Suppe auf das Tischtuch, und es floß ihm auch etwas wieder aus dem Mund. Sein Sohn und dessen Frau ekelten sich davor, und deswegen mußte sich der alte Großvater endlich hinter den Ofen in die Ecke setzen, und sie gaben ihm sein Essen in ein irdenes Schüsselchen und noch dazu nicht einmal satt. Da sah er betrübt zum Tisch, und die Augen wurden ihm naß. Einmal auch konnten seine zittrigen Hände das Schüsselchen nicht mehr festhalten, es fiel zur Erde und zerbrach. Die junge Frau schalt, er aber sagte nichts und seufzte nur. Da kaufte sie ihm ein hölzernes Schüsselchen für ein paar Heller, daraus mußte er nun essen. Wie sie so dasitzen, da trägt der kleine Enkel von vier Jahren die Brettlein auf der Erde zusammen. »Was machst du da?« fragte der Vater. »Ich mache ein Tröglein«, antwortete das Kind, »daraus sollen Vater und Mutter essen, wenn ich groß bin.« Da sahen sich Mann und Frau eine Weile an, fingen endlich an zu weinen, holten alsfort den alten Großvater an den Tisch und ließen ihn von nun an immer mitessen, sagten auch nichts, wenn er ein wenig verschüttete.

Es geht in beiden Geschichten um den Umgang der Generationen miteinander. Beide Geschichten haben eine Lehre, die für die Gesellschaft ebenso aktuell wie tröstlich ist, weil unsere Gesellschaft an der Schwelle von Verteilungskämpfen nicht nur zwischen arm und reich, sondern auch zwischen jung und alt steht. Im Zuge des Umbaus des Sozialstaats spart man besonders rigide und bedenkenlos bei denen, die sich nicht wehren können – in diesem Fall bei den 1,1 Millionen Menschen, die so alt, so gebrechlich oder psychisch so krank sind, daß sie, wie das Betreuungsgesetz es formuliert, »ihre Angelegenheiten nicht mehr selbst besorgen können«.

Es geht um das Bild der Gesellschaft von morgen. In zwanzig Jahren werden die geburtenstarken Jahrgänge in Rente gehen. Die Sozialsysteme werden dann aufs äußerste strapaziert. Das ist seit vielen Jahren bekannt. Aber wie wird sich das Lebensgefühl ändern? Was bedeutet es für die Verteilungsdebatte in der Bundesrepublik, wenn mehr als ein Drittel der Einwohner über sechzig Jahre alt ist? Wird das Klima zwischen den Generationen vergiftet? Werden die Jungen grausame Altenwitze machen, um sich zumindest verbal dafür zu rächen, daß so viele Alte so alt werden? Wer wird uns anlächeln, wenn wir achtzig sind? Man gehe auf die Straßen und zähle die wenigen Kinder. Der Feuilletonist in der *Süddeutschen Zeitung* schrieb dazu: »Wir werden die Welt häßlich machen, wenn wir lebensgierige alte Säcke geworden sind.«

Lebensgier? Da übertreibt der Feuilletonist. Er sollte sich einmal in den Altenheimen umschauen, wie es dort mit der Lebensgier aussieht. Ist es Lebensgier, etwas dagegen zu haben, daß alte Menschen nach Schema F in der geschlossenen Anstalt verschwinden? Ist es Lebensgier, wenn ein alter Mensch etwas dagegen hat, daß ihm Bauchgurte angelegt werden, nur damit er aus dem Weg ist? Ist es Lebensgier, wenn man am Lebensabend ein Leben in Würde führen will? Die Stärke eines Volkes mißt sich am Wohl der Schwachen. Das gilt nicht nur in der Schweiz.

Kluge Sozialpolitik kann sich auch im Städtebau, in Bebauungsplänen widerspiegeln. In Dänemark beispielsweise planen und bauen die Architekten wieder Häuser für mehrere Generationen. »Generationenübergreifende Architektur« heißt das. Man kann auch sagen: Es rückt wieder zusammen, was zusammengehört. Wenn wieder mehrere Generationen in einem Haus oder in einem bau-

174

lichen Ensemble zusammenleben können, ohne sich auf die Nerven zu gehen, ist das ein Fortschritt, der wohl mehr bringt als drei neue Paragraphen im Betreuungsrecht. Wenn so die Generationen sich räumlich näher kommen, ist der Fürsorge für die Kinder und für die Alten gleichermaßen gedient.

Ein Professor an der Humboldt-Universität in Berlin pflegt seinen Studenten vorzuhalten, sie würden das Problem der niedrigen Geburtenraten wahrscheinlich erst im Rollstuhl erkennen – wenn niemand da ist, um sie zu schieben. Was der demographische Wandel in Deutschland bedeutet, hat die Journalistin Elisabeth Niejahr in der *Zeit* vorgeführt: Man nehme einen Radiergummi, man stelle sich vor, auf der Deutschlandkarte würde ein Ort nach dem anderen ausradiert: erst Lübeck, dann Magdeburg, schließlich Erfurt und Kassel. Ungefähr zweihunderttausend Einwohner müßten diese Städte haben, denn so stark schrumpft nach Prognosen der Vereinten Nationen pro Jahr die Bevölkerung Deutschlands. Am Ende der kleinen Vorführung wäre das Jahr 2050 erreicht, die Landkarte hätte 47 blanke Stellen. Wo Städte eingezeichnet waren, wären weiße Flecken.

Während heute noch 4,4 Personen im erwerbsfähigen Alter auf eine Person im Alter von mehr als fünfundsechzig Jahren kommen (1950 war das Verhältnis 8,9 zu 1), wird sich den Prognosen zu-

folge die Relation bis zum Jahr 2050 auf 1,8 zu 1
verändern und das Durchschnittsalter auf fünfundfünfzig Jahre steigen. Aus der Bevölkerungspyramide wird schon in einer Generation ein Bevölkerungspilz – eine große Mehrheit immer älterer
Menschen wird quasi auf einem dünnen Stiel jüngerer Menschen ruhen. Die Folgen: Die Binnennachfrage wird massiv sinken, Wohnungen und
Häuser werden wegen schwindender Nachfrage
ihren Wert verlieren, gehen damit auch als Sicherheit für den Kapitalmarkt verloren. Das Land wird
an geistiger Vitalität verlieren, es wird die Jungen,
es wird die Wissenschaftler nicht halten können,
es wird zum Auswanderungsland werden – wenn
es nicht eine kluge Einwanderungspolitik betreibt
und dazu eine Familienpolitik, die junge Menschen nicht mehr vor die Wahl zwischen dem Verzicht auf Kinder oder beruflichem Fortkommen
stellt.

Die Politik mag sich diesen Prognosen verweigern, sie gelten trotzdem. Sie mag, wie es im Bundestag immer wieder geschieht, auf die aktuellen,
in der Tat grausamen Arbeitslosenzahlen verweisen, um sich einer Gesetzgebung zu verweigern,
die Einwanderung langfristig vorbereitet. Sie kann
argumentieren, daß es doch nichts ausmache,
wenn die deutsche Bevölkerung bis 2050 auf siebzig Millionen zusammenschmilzt. Sie vergißt aber
dann, daß selbst dafür eine Nettozuwanderung von

zweihundertvierzigtausend Menschen jährlich erforderlich ist; derzeit sind es im Schnitt nur hunderttausend. Und wer meint, mit fünfundvierzig Millionen sei die Republik auch nicht gerade menschenleer und das Deutsche Reich sei damit auch einst gut zurechtgekommen, der vergißt, daß der Bevölkerungsaufbau damals völlig anders war als heute, denn nicht allein die Größe zählt, sondern von Gewicht ist das Verhältnis von jung und alt. Bei einer Nettozuwanderung von dreihundertfünfzigtausend Menschen im Jahr würde Deutschland im Jahr 2050 eine Ausländerrate von 19 Prozent erreichen, wie sie schon heute die Schweiz hat.

Das könnte sehr unzuträglich sein, wenn die Einwanderung nicht von guter Integrationspolitik begleitet wird – und das führt zurück zum Beginn dieses Kapitels, denn im Zentrum einer klugen Integrationspolitik steht das Bildungswesen: Kindergarten, Schule, Sprache. Nur so wird Exklusion in Inklusion, wird Ausgrenzung in Einbindung verwandelt.

Deutschland ist seit Jahrzehnten ein Einwanderungsland; es ist ein Einwanderungsland ohne Einwanderungspolitik. Es ist eine Selbsttäuschung zu glauben, so sagte Weihbischof Joseph Voß, der Vorsitzende der Migrationskommission der Deutschen Bischofskonferenz, im Januar 2005 auf den 20. Tagen des Ausländerrechts in Stuttgart-Hohenheim, »daß in einer Zeit der Globalisierung der

Wirtschafts-, der Finanz- und der Tourismusmärkte, daß in einer Zeit der Globalisierung der Information und des Verkehrs, daß in einer Zeit, in der die Wirtschaft wesentlich vom Export lebt, die Grenzen für Menschen dichtgehalten werden können. Es geht nicht um Öffnung der Grenzen und um einen Laisser-faire-Stil, sondern darum, daß Zuwanderer sich grundsätzlich angenommen wissen.«

Das neue Zuwanderungsgesetz, das eher ein Zuwanderungsbegrenzungsgesetz ist, wird die Deutschen freilich vor einer quantitativ bedeutenden weiteren Zuwanderung schützen. Zwar werden in Zukunft einige sogenannte Hochqualifizierte – Wissenschaftler, Spezialisten, leitende Angestellte und kapitalkräftige Unternehmer – ein Niederlassungsrecht erhalten. Die große Zahl der von der Wirtschaft oder in der Gesundheitsversorgung und Altenbetreuung benötigten Arbeitskräfte darf jedoch wie bisher nur temporär beschäftigt werden. Das Gastarbeitermodell wird also weiterhin in Form von Ausnahmeverordnungen für Saisonarbeit oder Werkverträge praktiziert werden.

Im Jahr 2000 wurden fast dreihundertfünfzigtausend Arbeitserlaubnisse meist für Saisonarbeit in der Landwirtschaft (neunzig Tage) erteilt. Dazu kam ein Heer von Zeitarbeitskräften, die als reguläre Besucher einreisten und als Schwarzarbeiter im Baugewerbe oder in Haushalten vorübergehend tä-

tig wurden. Das Ausländerrecht und der Anwerbe-
stopp machen Deutschland gegen eine eventuelle
Verfestigung des Aufenthalts temporärer Arbeitskräfte »lukendicht«, sagt der Freiburger Politik-
wissenschaftler Dieter Oberndörfer.

Am 1. Januar 2005 ist ein Zuwanderungs- und
Integrationsgesetz in Kraft getreten, das, so war es
vor Jahren angekündigt, einen großen Teppich we-
ben sollte, auf dem künftig Integration stattfinden
kann. Es ist ein Topflappen daraus geworden. Das
Gesetz ist ein eher knausriger, ziemlich bürokra-
tischer Anfang, der Sprachkurse einführt; die
Sprachtests, die am Ende der Kurse abgelegt werden müssen, können freilich von den örtlichen
Ausländerbehörden zur Blockade von Nieder-
lassung und Einbürgerung benutzt werden. Eine
bayerische Behörde verlangt bei den Sprachtests
auch die schriftliche Beherrschung der deutschen
Sprache, eine Forderung, bei der wohl auch etliche
Deutsche ihre Schwierigkeiten hätten. Diese An-
forderung erinnert an die Lesetests, mit denen in
den Südstaaten der USA lange die Wahlbeteiligung der farbigen Bevölkerung verhindert wurde.

Das Zuwanderungs- und Integrationsgesetz
wird aber vielleicht gleichwohl eines Tages in ein
ganzheitliches Konzept einmünden, das die Schulen einbezieht, die zu Werkstätten der Kulturen
werden und deren Lehrerinnen und Lehrer schon
in ihrer Ausbildung auf den interkulturellen Ar-

179

beitsalltag vorbereitet werden müssen. Die Crux der deutschen Ausländerpolitik, die offensive Sozialpolitik sein müßte, aber nicht ist, besteht darin, daß sie bis heute nicht für die Ausländer, nicht für die Zuwanderer, nicht für die Neubürger gemacht wird, sondern für die deutschen Wähler. Sie waren und sind die Adressaten der sogenannten Ausländerpolitik. Und im Umschlag mit der falschen Adresse steckt auch noch die falsche Politik: eine, die den Einwanderer vor allem als Störer und Sicherheitsrisiko begreift, eine, die die Furcht vor »Multikulti« fördert, statt Einwanderung als kulturelles Kapital zu begreifen.

Einwanderung darf aber nicht nur in Gaststätten und Einwohnermeldeämtern stattfinden. Aneignung von Einwanderung sieht anders aus. Sie findet statt an der Schule, in den Lehrplänen aller Schularten, in den Schulbüchern, sie zeigt sich auf den Spielplänen der Theater, in der Ausbildung und Betreuung der Migrantengeneration. Es reicht nicht, daß Multikulti dann schmeckt, wenn man sie essen kann. Integration ist nicht die Addition aller Dönerbunden in den Fußgängerzonen. Am Zusammenleben der Alt- und Neubürger ändert sich so noch nicht viel.

In den Strafrechtsseminaren erzählt der Professor, wenn er mit seinen Studenten die Eigentumsdelikte durchnimmt, gern die Geschichte über den Dieb, der Nahrungsmittel stiehlt und sie sofort verputzt: »Die Insichnahme ist die intensivste Form der Ansichnahme.« Würde dieser Satz auch für die Einwanderungsgesellschaft gelten, dann wäre die Gesellschaft in Deutschland schon weiter. Und die Schulen wären schon ein Ort der Identifikation und der Identität für eine Gesellschaft, in der Menschen ganz unterschiedlicher Herkunft und Kultur zusammenwohnen. Die Schulen werden ein Ort sein müssen, an dem Stigmatisierung und Degradierung beseitigt werden.

Kapitel 7:

Die große Ermöglichung
Eine ganz kleine Geschichte der Sozialpolitik

Das Leben beginnt ungerecht, und es endet ungerecht, und dazwischen ist es nicht viel besser. Der eine wird mit dem silbernen Löffel im Mund geboren, der andere in der Gosse. Der eine zieht bei der Lotterie der Natur das große Los, der andere die Niete. Der eine erbt Talent und Durchsetzungskraft, der andere Aids und Antriebsschwäche. Die Natur ist ein Gerechtigkeitsrisiko. Der eine hat eine Mutter, die ihn liebt, der andere einen Vater, der ihn haßt. Der eine kriegt einen klugen Kopf, der andere ein schwaches Herz. Bei der einen folgt einer behüteten Kindheit eine erfolgreiche Karriere. Den anderen führt sein Weg aus dem Glasscherbenviertel direkt ins Gefängnis. Die eine wächst auf mit Büchern, der andere mit Drogen. Der eine kommt in eine Schule, die ihn stark, der andere in eine, die ihn kaputtmacht. Der eine ist gescheit, aber es fördert ihn keiner; der andere ist doof, aber man trichtert ihm das Wissen ein. Der eine hat Lebenszeit für vier Ehen und fünfzig Urlaubsreisen, der andere stirbt vor der ersten. Der eine müht sich und kommt keinen Schritt voran, der andere müht sich nicht und ist ihm hundert voraus.

Die besseren Gene hat sich niemand erarbeitet, die bessere Familie auch nicht. Das Schicksal hat sie ihm zugeteilt. Es hält sich nicht an die Nikomachische Ethik, an die Sittenlehre also, die Aristoteles nach seinem Sohn Nikomachos benannt hat. Es teilt ungerecht aus, und es gleicht die Ungerechtigkeiten nicht immer aus. Die Verteilungsgerechtigkeit oder »iustitia distributiva«, die das Verhältnis der Gemeinschaft zu ihren einzelnen Mitgliedern betrifft, findet man bei Aristoteles und bei Thomas von Aquin, ebenso die Tauschgerechtigkeit oder »iustitia communitativa«, die das Verhältnis der einzelnen Menschen untereinander meint. Bei der Verteilung des Natur- und des Sozialschicksals aber obwalten Zufall und Willkür, und die Gemeinwohlgerechtigkeit, die »iustitia generalis«, die eine zuträgliche Ordnung gemeinsamen Zusammenlebens gewährleisten soll, kommt dort nicht zum Zuge.

Die eine trifft einen Mann, der sie liebt, die andere gerät an einen Hornochsen. Die eine ist mit Schönheit gesegnet, der andere mit dem Aussehen des Buckelwals. Ist das gerecht in einer Gesellschaft, in der Schönheit eine soziale Macht ist? Der britische Schriftsteller Leslie Poles Hartley hat in seinem 1960 erschienenen Buch *Facial Justice* das Zukunftsbild eines Staates entworfen, dessen Bewohner die Überlebenden des Dritten Weltkriegs sind.[22] Dort hat man den Gerechtigkeitsskandal der Schönheit, den ungerechten Wettbewerbsvorteil von angenehm geschnittenen Zügen, erkannt. Wer verdient ein schönes Aussehen? Wer verdient Häßlichkeit? Im Staat von Leslie Poles Hartley gibt es eine »Antlitz-Gleichmachungsbehörde«, die für Gesichtsgerechtigkeit sorgt. Sie hat ein optisches Egalisierungsprogramm auf der Basis einer risikolosen und unaufwendigen Gesichtschirurgie entwickelt. Die blinde natürliche Verteilung ästhetischer Eigenschaften wird durch Gesichtsplastiken der ausgleichenden Gerechtigkeit korrigiert. Daher existieren im Staat von *Facial Justice* nur noch Durchschnittsgesichter. Die optische Individualität hat eine sehr überschaubare Bandbreite.

Würde Leslie Poles Hartley seinen Roman heute schreiben, könnte der angesichts der biotechnologischen Entwicklungen von der »genetischen Gerechtigkeit« handeln und schildern, wie die »Gen-Gleichmachungsbehörde« dafür sorgt, daß alle Bürger des Staates Durchschnittsgene zugeteilt bekommen, innerhalb einer gewissen überschaubaren Bandbreite, ohne Ausreißer nach oben und unten, damit für gleiche karrierepolitische Voraussetzungen gesorgt ist.

So eine Geschichte wäre Wasser auf die Mühlen eines Friedrich Nietzsche, der gefordert hat, »Ungleiches niemals gleichzumachen«, der Kultur nur auf der Basis einer ausgebeuteten, selber von Kultur ausgeschlossenen Masse für möglich hielt und im sozialen Fortschritt eine Bedrohung der Kunst erblickte.

Und einem Neoliberalen wie Friedrich August von Hayek diente diese Geschichte als ein Exempel dafür, wohin der »Atavismus« der sozialen Gerechtigkeit vermeintlich letztendlich führt. Für Hayek ist soziale Gerechtigkeit nichts anderes als in philosophische Attribute gekleidete Anmaßung auf umfassende Korrektur der Verteilungsergebnisse des Marktes. So also, würde er sagen, so wie in *Facial Justice* sieht der Staat der sozialen Gerechtigkeit in Vollendung aus: totalitär. Wer so denkt, verwechselt freilich soziale Gerechtigkeit mit absurder Gleichmacherei. Das Übel, daß manche Leute ein schlechtes Leben führen, bestehe – so sagt es der amerikanische Philosoph Harry Frankfurt – nicht darin, daß andere Leute ein besseres Leben führen; das Übel liege vor allem darin, daß schlechte Leben schlecht sind. Und das Gute ist, daß – auch mittels derer, die ein besseres Leben führen – denjenigen geholfen werden kann, deren Leben schlecht ist. Würde die Hilfspflicht für die Schwachen nur mit der Gleichheitsforderung begründet, so liefe die Forderung nach sozialer Gerechtigkeit auf das Postulat einer allgemeinen Entschädigung für unverdientes Pech hinaus. Dann müßte der Staat einem Karl Valentin, wenn der gern ein athletischer Typ wäre, das Hanteltraining im Fitneßstudio bezahlen.

Welches Leben steht dem Menschen zu, was ist »das Seine«? Im »Corpus juris civilis«, dem großen europäischen Rechtsbuch des oströmischen Kaisers Justinian aus dem sechsten nachchristlichen Jahrhundert, heißt es: »Iustitia est constans ac perpetua voluntas ius suum tribuens« – Gerechtigkeit sei der unwandelbare und dauerhafte Wille, jedem das Seine zuzuwenden. Dieser »Corpus juris« ist die folgenreichste Kodifikation der Weltgeschichte, die Regelungen wurden in ganz Europa rezipiert, sie galten in Deutschland als gemeines Recht bis zum Inkrafttreten des Bürgerlichen Gesetzbuchs im Jahr 1900, sie beeinflußten das Recht der ganzen Welt. Der Satz »Jedem das Seine« wurde zur Gerechtigkeitsformel schlechthin: »Das Recht ist die Kunst des Guten und Gerechten. Gerechtigkeit ist der unwandelbare und dauerhafte Wille, jedem sein Recht zu gewähren. Die Regeln des Rechts sind die folgenden: ehrbar leben, andere nicht verletzen, jedem das Seine zubilligen.«

So steht es also im ersten Buch der Institutionen des »Corpus juris civilis«. Aber was ist »das Seine«, was steht jedem zu? Die Formel bietet kein Kriterium dafür an, was einem jeden als das Seine

189

zusteht. Wenn man, was einleuchtet, keinen Anspruch auf ein schönes Gesicht hat – hat man nicht doch ein Anrecht auf Unterstützung, wenn man sich die entstellende Hasenscharte operieren lassen will? Und wenn der Staat schon nicht dafür sorgen kann, daß alle Kinder in geordneten Verhältnissen geboren werden – muß er dann nicht wenigstens dafür sorgen, daß sie sodann die Förderung erfahren, die sie brauchen?

»Suum cuique!« Kaiser Justinian hat das abgeschrieben beim großen römischen Juristen Ulpian, und der hat es von Cicero, und der von Seneca. Und diese hatten es von Aristoteles, der die Gerechtigkeit als eine Tugend definierte, durch die jeder das Seine erhält. Und auch Platon ließ aus dem Munde des Sokrates behaupten, das Gerechtsein bestehe darin, daß man einem jeden das erstattet, was ihm gebührt. Gottfried Wilhelm Leibniz zählte das »Suum cuique« zu den drei ewigen Gerechtigkeitsprinzipien, der Preußenkönig Friedrich I. ließ es als Devise auf den Schwarzen Adlerorden prägen. Thomas von Aquin hat damit in der *Summa Theologica* die Rechtmäßigkeit von Leibeigenschaft und Sklaverei begründet. Und die Nazibarbaren haben dieses Motto in das Eingangstor des Konzentrationslagers Buchenwald schmieden lassen, um ihre Opfer auch noch zu verhöhnen. Durch dieses Tor wurden von 1937 bis 1945 zweihundertvierzigtausend Menschen aus zweiunddreißig Nationen verschleppt, von denen sechsundfünfzigtausend den Terror nicht überlebten, darunter der Kommunist Ernst Thälmann, der Sozialdemokrat Rudolf Breitscheid und der Pfarrer Paul Schneider. Für den deutschen Rechtsphilosophen Arthur Kaufmann war die Benutzung von »Jedem das Seine« durch die Nazis ein Beweis für deren Frivolität, mit der sie Recht und Gerechtigkeit verhöhnten. Der österreichische Holocaust-Relativierer Ernst Topitsch meinte, daß gegen diese Inschrift »vom rein logischen Standpunkt nichts einzuwenden« sei.[23]

Der Philosoph Ernst Bloch hat dem »Suum cuique« den von den Saint-Simonisten und Karl Marx geprägten Satz entgegengesetzt: »Jeder nach seinen Fähigkeiten, jedem nach seinen Bedürfnissen.« Damit läßt sich gut vertreten, woran auch kaum je ein Arbeiter gerüttelt hat: daß seine Betriebs- oder Konzernvorstände das Zwanzigfache verdienen. Müssen die Arbeiter es auch hinnehmen, daß die Manager das Zwei- und Dreihundertfache verdienen? Oder dürfen sie sich dann fragen, ob das noch deren Fähigkeiten entspricht, ob das also noch gerecht ist?

Seit je sind solche Fragen als Ausdruck von Neid abgetan worden. Aber ist es wirklich nur Neid, so fragt der Sozialdemokrat Erhard Eppler, »wenn eine Arbeiterin mit drei heranwachsenden Kindern sich darüber wundert, wie dieselben

191

Leute, die guten Gewissens Millionengelder ein-
streichen, um Promille feilschen, wo es um Löhne
geht«? Eine Million für den Boß, das könnten auch
tausendmal tausend Euro für die Kleinen sein. Ist
es einfach das Übliche, oder ist es kriminell, wenn
ein gescheiterter Wirtschaftsboß eine Abfindung
erhält, von deren Zinsen er ein halbes Dutzend
Bundeskanzler besolden könnte? Jedem das Seine,
mir das meiste, sagt der fröhliche Zyniker.

Jedem das Seine: Das sagen heute die Ausbeuter in Indien, wenn sie Kinder an die Webstühle
schicken. Und so sagten es einst die Merkantilisten
und Kapitalisten auch in Deutschland. Daß der
Staat die Kinderarbeit damals einschränkte, geschah nicht deswegen, weil er einzusehen begann,
daß – jedem das Seine – zum Kind wenigstens ein
wenig Kindsein gehört; sondern weil elementare
Staatsinteressen berührt waren, nämlich die des
Militärs. Das hatte ein Interesse daran, unverkrüp-
pelte Wehrpflichtige zu erhalten. Jedem das Seine – in diesem Fall dem Militär. Also entschloß
sich der Staat zur Intervention, er verbot die Fa-
brikarbeit von Kindern unter neun Jahren und
begrenzte die tägliche Arbeitszeit der Kinder auf
zehn Stunden.

Mit dem »Suum cuique« allein ist also wenig
anzufangen, weil es keine Maßstäbe hat, weil es
jedweder Argumentation, jedweder Lehre und Irr-
lehre dienlich ist. Man interpretiert die Maßstäbe

hinein, die man dann wieder herausholt. Die Formel ist tautologisch. Jedem das Seine läßt jeden alleine.

Soziale Ungleichheit, so sagten und sagen daher die Sozialdarwinisten, sei nichts anderes als die Widerspiegelung der biologischen Ungleichheit von Menschen – deshalb lehnen sie jede Sozialpolitik und Umverteilungspolitik ab, weil so der natürliche Ausleseprozeß unterbunden würde, der allein gesellschaftlichen und zivilisatorischen Fortschritt schaffe. Jedem das Seine – das ist hier das, was jeder hat. Der Staat sei, so propagieren das die Wirtschaftsliberalen bis zum heutigen Tag und zuletzt in immer neuen Glücksverheißungen, nur als Minimalstaat gerechtfertigt, er habe sich zumal aus den sozialen Dingen herauszuhalten und sich auf einige eng umgrenzte Funktionen zu beschränken: Schutz gegen Gewalt, Diebstahl, Betrug und für die Durchsetzung von Verträgen; alles darüber hinaus sei von Übel. Gerechtigkeit wird an den Markt delegiert. Der Markt ist sozusagen die Fortsetzung der Natur. Was er macht, ist hinzunehmen wie das Schicksal. Der Markt versagt aber bei der Versorgung derjenigen, die nichts anzubieten haben und die nicht nachgefragt werden.

Das war und ist die säkularisierte Pervertierung der mittelalterlichen Vorstellung, welche die soziale Ungleichheit nicht als gesellschaftliches oder ökonomisches Problem sah, sondern als Ausfluß

einer vorbestimmten göttlichen Welt- und Heils-
ordnung. Reichtum und Armut waren demzufolge
im göttlichen Heilsplan korrespondierende Kate-
gorien – der Arme, der näher bei Gott war als der
Reiche, war auf den Reichen angewiesen, um seine
irdische Existenz zu fristen, und der Reiche war
auf den Armen angewiesen, weil er nur dadurch zu
Gott kam, also nur durch karitative Tätigkeit sein
Seelenheil erlangen konnte. Arm und reich – das
war ein heilsgeschichtliches Geschäft auf Gegen-
seitigkeit. Der individuelle Reichtum war aber hier
nicht Selbstzweck, sondern kollektiven Zwecken
zu dienen bestimmt. Spätestens beim Ableben
kauften sich Fürsten, Bankiers und Spekulanten
von der Sünde der »Geldmacherei und Krämerei«
frei – weil bekanntlich eher ein Kamel durch ein
Nadelöhr geht, als daß ein Reicher in das Reich
Gottes kommt; so steht es bei Lukas 18, 25. Auf dieser Basis gediehen immerhin eine gewisse Caritas
und eine Reihe von Spitälern. Und auf dieser Basis
fußt die christliche Sozialkritik noch heute.

Als sich der moderne Kapitalismus entfaltete,
funktionierte die Mahnung Jesu aus dem Mund
des Evangelisten Lukas nicht mehr so richtig. Individueller Reichtum wurde als Motor gesellschaftlicher Reichtumssteigerung betrachtet. Die ausbeu-
tende Dynamik des Kapitalismus zerlegte die alte
Gesellschaftsordnung, schleuderte Millionen ins
Elend, rief die Revolution auf den Plan – und aus

Furcht vor Marx, vor der Sozialdemokratie und den Gewerkschaften knüpfte Reichskanzler Bismarck 1878 an alte karitative Traditionen an, um die Arbeiter durch sichtbare Sozialleistungen an den Staat zu binden und zu Staatsrentnern zu machen. Dahinter standen ein christlicher Paternalismus und eine konservative Variante des Staatssozialismus, welche der deutschen Gesellschaft recht gut bekamen.

Was Bismarck für den Staat tat, nämlich die Arbeiter, das Proletariat, an den Staat heranzuführen, den vierten Stand also dort zu inkorporieren, das taten der Kölner Gesellenvater Adolf Kolping und der Mainzer Bischof Wilhelm Emmanuel von Ketteler für die Kirche. Diese habe die Pflicht, durch Aufbau kooperativer Gesellschaften, christlicher Gewerkschaften und gemeinnütziger Erholungseinrichtungen die arbeitende Klasse gegen die demoralisierenden Auswirkungen des Kapitalismus zu wappnen. Der Lohn, so meinten Kolping wie Ketteler, dem Kalkül Bismarcks durchaus verwandt, werde in der Rückkehr der Arbeiter zum katholischen Glauben bestehen.

Die sozialen Ideen und Gedanken Kolpings und Kettelers beeinflußten Papst Leo XIII., wurden 1891 zur Grundlage seiner Enzyklika *Rerum novarum* und begründeten in Deutschland eine Tradition des sozialen Katholizismus, die zu einem tragenden Element im Programm der Zentrumspartei

wurde, noch die CDU der frühen Jahrzehnte präg-
te, in Oswald von Nell-Breuning ihre Personifizie-
rung fand, heute jedoch nur noch wenige um sich
schart. Die sozialen Aktivitäten der evangelischen
Kirche waren dagegen, wie Gordon A. Craig in seiner *Deutschen Geschichte von 1866 bis 1945* re-
sümiert, lange Zeit weniger eindrucksvoll; deren
Kirchenrat ermahnte 1878 die Pfarrer, es sei nicht
ihre Pflicht, im Namen des Evangeliums und mit
dem Gewicht seiner Autorität soziale Forderungen
an die Regierung zu stellen.

Das hat sich in den vergangenen Jahrzehnten
sehr geändert. Beide großen Kirchen verlangen die
gerechte Verteilung des Reichtums und der Arbeit.
Und sie knüpfen bei ihrem Plädoyer für den gerechten Sozialstaat an das biblische Gleichnis vom
barmherzigen Samariter an. Sie sehen ihre Aufgabe nicht mehr allein darin, den unter die Räuber
Gefallenen zu pflegen. Sie wollen auch die Straßen
so gesichert wissen, daß immer weniger Menschen
unter die Räuber fallen. Leistungsfähiger Wettbewerb und sozialer Ausgleich – sie gehören dem-
nach zusammen: Wer diesen Zusammenhang auf-
sprengt, der versündige sich am Gemeinwesen.

Die Arbeiter wandten sich zwar daraufhin nicht
unbedingt Kirche und Glauben zu, waren aber in
ihrem Ruf nach Gerechtigkeit gestärkt. Im Parla-
ment der Paulskirche von 1848 war es noch vor-
nehmlich um die Freiheitsrechte und den Rechts-

staat gegangen, das von Stephan Born gegründete Zentralkomitee für Arbeiter hatte aber schon am 10. Juni 1848 im Blatt *Das Volk* Gerechtigkeit für die Arbeiter gefordert – durch Bestimmungen zum Schutz der Arbeit, durch Kommissionen von Arbeitern und Arbeitgebern, Arbeiterverbindungen zur Lohnfestsetzung, unentgeltlichen Unterricht und unentgeltliche Volksbibliotheken. Die Überlegung war simpel, wichtig und richtig: Das Elend der Arbeiter und die Abhängigkeit des einzelnen Arbeiters vom Gutdünken der Arbeitgeber könne nur überwunden werden, wenn sie sich zusammenschlossen und darum kämpften, mit den eigenen Interessen Beachtung zu finden. So wurde der Ruf nach Gerechtigkeit ins Soziale gewendet und dafür ein Sprachrohr, die Gewerkschaften, geschaffen. Das war auch die Geburtsstunde der Sozialdemokratie. Es ging ihr um Schutz vor Unterdrückung und Ausbeutung, um Sicherheit vor Gefahren und Risiken, um Rechte, nicht um Almosen, und um Mitsprache.

Erst einmal versuchten die Arbeiter, sich das selbst zu organisieren, dann gewannen sie dafür auch den Staat. In der Weimarer Verfassung erhielten ihre Forderungen einen eigenen Abschnitt, mit dem die Arbeitskraft unter den besonderen Schutz des Staates gestellt, die Koalitionsfreiheit gewährleistet, ein umfassendes Sozialversicherungswesen garantiert und betriebliche wie überbetriebliche Organe der Interessenvertretung für Arbeitnehmer vorgesehen wurden. Die soziale Gerechtigkeit hatte nun Fasson, das »Suum cuique« einen Maßstab, eine Grundorientierung.

Das Grundgesetz hat diese Orientierung ausgebaut. Es hat die Bundesrepublik als Sozialstaat gegründet – als eine Art Schutzengel für jeden einzelnen. In den Kinderzimmern der ersten Hälfte des zwanzigsten Jahrhunderts hing oft das Bild mit den Kindern auf der schmalen Brücke über der Klamm mit dem rauschenden Wildbach, daneben flog der Schutzengel.

So ähnlich hat das Grundgesetz den Sozialstaat konzipiert, als Schutz vor Notfällen und als Hilfe in Notfällen. Der Sozialstaat kümmerte sich dann in dem Maß, in dem der Wohlstand im Lande wuchs, nicht nur um das blanke Überleben seiner Bürger, sondern um ihre Lebensqualität. »Teilhabe« nannte man das in den siebziger Jahren. Nicht die Polizei und nicht die Justiz waren jahrzehntelang Garant des inneren Friedens; nicht Strafrechtsparagraphen und Sicherheitspakete haben für innere Sicherheit gesorgt. Der Sozialstaat war das Fundament der Prosperität, die Geschäftsgrundlage für gute Geschäfte, er verband politische Moral und ökonomischen Erfolg. Das Grundgesetz hat das Fundament für die soziale Gerechtigkeit stark gemacht.

»Suum cuique« – das bedeutet im Staat dieses

Grundgesetzes, jedem ein Leben in Würde zu ermöglichen; dazu gehört, daß jeder ein ausreichendes Stück vom Ganzen erhält. Es geht dem Sozialstaat des Grundgesetzes nicht um Herstellung von *Facial Justice,* um gleiche Gesichter, gleiche Schönheit, gleiche Geldbeutel, gleiche Bankkonten, gleich große Wohnungen und gleich große Autos – es geht ihm um die Förderung der Kräfte und Talente, die in jedem stecken, und es geht diesem Sozialstaat um so viel, auch finanzielle, Hilfe für jeden einzelnen, daß der nicht gebückt durchs Leben gehen muß. Demokratie braucht den aufrechten Bürger. Deshalb braucht die Demokratie den Sozialstaat.

Ein Sozialstaat ist ein Staat, der gesellschaftliche Risiken, für die der einzelne nicht verantwortlich ist, nicht bei diesem ablädt. Er verteilt, weil es nicht immer Manna regnet, auch Belastungen. Aber dabei gilt, daß der, der schon belastet ist, nicht auch noch das Gros der Belastungen tragen kann. Ein Sozialstaat gibt nicht dem, der schon hat; und er nimmt nicht dem, der ohnehin wenig hat. Er schafft es, daß die Menschen trotz Unterschieden in Rang, Talenten und Geldbeutel sich auf gleicher Augenhöhe begegnen können.

Der Sozialstaat ist der große Ermöglicher. Er ist mehr als ein liberaler Rechtsstaat, er ist der Handausstrecker für die, die eine helfende Hand brauchen. Er ist der Staat, der es nicht bei formalrechtlicher Gleichbehandlung beläßt, nicht dabei also, daß das Gesetz es in seiner majestätischen Erhabenheit Armen und Reichen gleichermaßen verbietet, unter den Brücken zu schlafen, wie der französische Schriftsteller Anatole France das so schön gesagt hat. Der Sozialstaat gibt den Armen nicht nur Bett und Dach, sondern ein Fortkommen aus der Armut. Der Sozialstaat ist mehr als nur eine Sozialversicherung; die ist nur eines seiner Instrumente. Manchmal ist der Sozialstaat ein Tisch, unter den man seine Füße strecken kann. Das bedeutet aber, daß die Politik bei sozialstaatlichen Reformen sich nicht benehmen kann wie ein täppischer Handwerker bei der Reparatur eines wackligen Tisches, der erst vom einen Tischbein und dann von einem anderen ein Stück absägt, bis die Sägerei reihum kein Ende mehr nimmt. Der Tisch bleibt wacklig, aber seine Beine werden so kurz, daß er als Tisch nicht mehr taugt.

So richtig es ist, mehr Risikovorsorge und mehr soziale Selbstverantwortung zu proklamieren, so notwendig ist es nach wie vor, daß der Sozialstaat Schutz vor und Hilfe bei Krankheit, Arbeitslosigkeit und Pflegebedürftigkeit bietet; die großen Lebensrisiken können nur wenige allein meistern, ohne in Not zu fallen. Da hilft auch keine Privatversicherung, wenn ihre Prämien nicht bezahlt werden können, da hilft nur der Sozialstaat, der Solidarität einfordert, je nach Einkommen und

Vermögen nimmt und damit auch denen geben kann, die sich selbst nicht zu helfen vermögen. Die Freiheit von Soziallasten verleiht nämlich nur dem Flügel, so sagt es die Bundesverfassungsrichterin Christine Hohmann-Dennhardt, »der in der Lage ist sowie die Mittel hat zu fliegen und über ausreichend Polster verfügt, die ihn immer wieder weich landen lassen. Allen anderen bringt sie nur vermeintlich Entlastung, die zum Abheben nicht ausreicht, aber trotzdem den Absturz bedeuten kann.«

Ein Sozialstaat sorgt dafür, daß der Mensch reale, nicht nur formale Chancen hat. Es genügt ihm also nicht, daß der Staat Vorschulen, Schulen und Hochschulen bereitstellt mit formal gleichen Zugangschancen für Vermögende und Nichtvermögende; der Sozialstaat sorgt auch für die materiellen Voraussetzungen, die den Nichtvermögenden in die Lage versetzen, die formale Chance tatsächlich zu nutzen.

Ein Sozialstaat akzeptiert keinen Vorrang des Produktionsfaktors Kapital gegenüber dem Faktor Arbeit, er wehrt sich gegen die Trennung und Entgegensetzung von Arbeit und Kapital als zwei anonymen Produktionsfaktoren, weil hinter der sogenannten Antinomie zwischen Arbeit und Kapital lebendige Menschen stehen. Die müssen nicht nur in die Lage versetzt werden, ihr eigenes Leben zu leben; sie müssen sich auch geschützt und sicher fühlen. Anthony Giddens, der frühere Direktor der renommierten London School of Economics und Berater des britischen Premierministers Tony Blair, nennt das »embedded market«. Diese Einbettung fehlt den deutschen Reformen noch. Ein Sozialstaat fördert das Bewußtsein, daß Unternehmer nicht nur ihren Kapitalgebern, sondern auch ihren Arbeitnehmern gegenüber Verantwortung tragen und daß nur intakte Gewerkschaften ihnen auf Dauer gute Standorte bieten können – die sich nicht allein durch erträgliche Arbeitskosten, sondern durch hohe Arbeitsqualität auszeichnen.

Ein Sozialstaat entwickelt eine emanzipatorische Gerechtigkeitspolitik, also eine Politik, die Chancenungleichheiten ausgleicht. Er ist daher, mit Maß und Ziel, Schicksalskorrektor. Ein Sozialstaat nimmt zu diesem Zweck den Reichen und gibt damit erstens den Armen und versucht damit zweitens, die Voraussetzungen für die Teilhabe und Teilnahme aller am gesellschaftlichen und politischen Verkehr zu schaffen. Der Sozialstaat erschöpft sich also nicht in der Fürsorge für Benachteiligte, sondern zielt auf den Abbau der strukturellen Ursachen für diese Benachteiligungen. Madame de Meuron, die 1980 gestorbene »letzte Patrizierin« von Bern, sagte einem Bauern, der sich in der Kirche auf ihren Stuhl verirrt hatte: »Im Himmel sind wir dann alle gleich, aber hier unten muß Ordnung herrschen.« Die Ordnung, die sich der Sozialstaat vorstellt, ist das nicht.

Solidarität, soziale Gerechtigkeit, Chancengleichheit – das sind die Schlüsselwörter des Sozialstaats; sie sperren Türen auf und sie sperren Türen zu. Gelegentlich ist letzteres notwendig: dann, wenn Ökonomen ex cathedra reden und agieren. Man könnte in den letzten Jahren den Eindruck gewinnen, das Unfehlbarkeitsdogma sei vom Papst auf den Bundesverband der deutschen Industrie, die Wirtschaftsweisen und auf das Münchner Ifo-Institut übergegangen. Mehr Selbstbescheidung täte aber nicht nur der deutschen Gesellschaft insgesamt, sondern den Ökonomen im besonderen ganz gut. Die Zunft hat, anders als die Juristerei, noch nicht akzeptiert, was sie ist: eine Hilfswissenschaft.

Erhard Eppler, der nachdenkliche alte Sozialdemokrat, hat sich gefragt, warum auch seine Partei so anfällig ist für ökonomische Apologetik; seine Antwort:

»Sozialdemokratische Programmdebatten waren nie besonders vergnüglich. Vor hundert Jahren nicht, weil die Debattierer sehr viel Theoretisches gelesen hatten, das Gelesene oft mit der Wirklichkeit verwechselten und weil sie sehr viel zitierten, vor allem die Autoritäten. Heute nicht, weil die Debattierer sehr wenig gelesen haben, oft nicht einmal das gültige Programm, noch weniger zitieren und weil sie die Neigung haben, ihre speziellen praktischen Sorgen ins Grundsätzliche zu überhöhen.«

Das Lied vom Tod des Sozialstaats wird heute gern gesungen. Die erste der gängigen Strophen lautet so: Vor langer Zeit, als es den Menschen noch schlecht ging, habe es sicher ein Bedürfnis dafür gegeben, daß der Staat half, wo sich der einzelne nicht helfen konnte. Inzwischen habe sich aber die Welt verändert, die Menschen führten ein besseres Leben und bräuchten die gängelnde Hand des Staates nicht mehr. Die zweite Strophe handelt vom großen Fressen des Sozialstaats, der zwar einst zart und schlank gewesen sei, aber dann ein Vielfraß wurde, der immer dicker und unbeweglicher geworden und schließlich an der eigenen Maßlosigkeit geplatzt sei. Strophe drei besingt die große Freiheit nach dem Ende des Sozialstaats.

Christine Hohmann-Dennhardt hat auf einer Veranstaltung des Adolf-Arndt-Kreises in Frankfurt im Februar 2005 Gegenstrophen gedichtet. Strophe eins: Die Lebens- und Arbeitsbedingungen haben sich zwar extrem gewandelt, der alte, von Bismarck geschneiderte Mantel paßt daher nicht mehr richtig. Aber kalt ist es trotzdem, und ein Mantel tut not. Strophe zwei: Zwar macht das

Sozialbudget inzwischen ein Drittel des Bruttoin-
landsprodukts aus. Aber der Sozialstaat frißt ja
dieses Budget nicht auf, sondern teilt es aus, gibt
Arbeit und Einkommen, mit dem gekauft werden
kann, was Unternehmen feilbieten. Strophe drei:
Eine große Freiheit, eine Freiheit ohne Schranken
zerstört sich selbst.

Solche Gegenlieder haben auch Hunderttausende von Demonstranten in ganz Europa gesummt,
die im April 2004 auf die Straße gingen. Vorder-
gründig war und ist diese Protestbewegung gegen
Sozialabbau eine negative Bewegung, weil sie nur
abzulehnen scheint. Doch durch dieses »Nein«
schimmert mehr: die Suche nach anderen Leit-
linien der Politik. Die europaweiten Proteste fordern von ihren Regierungen, in einer globalisierten
Welt für ein gewisses Maß an ökonomischem An-
stand zu sorgen. Das ist nicht unbillig, das gehört
zum inneren Frieden, und die Sorge darum gehört
zu den Grundaufgaben der Europäischen Union.

In Westeuropa wächst der Reichtum und zugleich mit ihm die Armut. Das spricht nicht gegen,
sondern für eine Reaktivierung des Sozialstaats.

Anmerkungen

1 Dazu: Franz-Xaver Kaufmann: »Sicherheit: Das Leitbild beherrschbarer Komplexität«, in: Stephan Lessenich (Hg.): *Wohlfahrtsstaatliche Grundbegriffe,* Frankfurt a. M./New York 2003

2 BVerfGE 37, 132 (140)

3 BVerfGE 14, 263 (282), 50, 290 (348)

4 BVerfGE 14, 263 (282)

5 Fritz W. Scharpf: »Nationale Politik in offenen Märkten«, in: *Neue Gesellschaft / Frankfurter Hefte* 1/2 2005, S. 49

6 *Wirtschaftsdienst* 3/2004

7 *Handelsblatt* vom 28. August 2001

8 Scharpf, a.a.O.

9 Die Zahlen stammen aus: Statistisches Bundesamt: *Sozialhilfe in Deutschland. Entwicklung, Umfang, Strukturen,* Wiesbaden 2003, S. 12 und 13

10 2 BvR 37/91 und 2 BvR 552/91

11 These 4 der Ziele des Bundesbaugesetzes nach der Regierungsbegründung vor dem Plenum, in: Wilhelm Dittus: »Überschau zum Bundesbaugesetz«, *Bauwelt* 1960, S. 973

12 Bundestagsdrucksache III, S. 1812

13 Beschluß vom 12.1.1967, Aktenzeichen 1 BvR 169/63, in: BVerfGE 21, 73, 82f.

14 Böckenförde in: *Süddeutsche Zeitung* vom 29. Juli 1999, S. 11

15 BVerfGE 87, 1 (38f.)

16 BVerfGE 103, 242 (263ff.)

17 *Frankfurter Allgemeine Zeitung* vom 8. April 2004

18 Peter Ungut: »Die Agonie des Sozialen«, in: *Kursbuch,* Heft 157, Berlin 2004, S. 21

19 *Basler Zeitung,* 20. September 1996

20 Beschlüsse vom 6. Juli 2004 – 1 BvR 2515/95 und 1 BvL 4 bis 6/97

21 3. Kammer des 1. Senats, Beschluß vom 7. November 2001 – 1 BvR 325/94 u.a.

22 Der Hinweis auf Hartley findet sich bei Wolfgang Kersting: »Das Prinzip der Chancengerechtigkeit«, in: *Vorgänge. Zeitschrift für Bürgerrechte und Gesellschaftspolitik* 168, S. 12 (18)

23 Siehe dazu Hermann Klenner: »Jedem das Seine«, in: Kurt Pätzold/Manfred Weißbecker (Hg.): *Schlagwörter und Schlachtrufe. Aus zwei Jahrhunderten deutscher Geschichte,* Band 2, Leipzig 2002